TU ARGUMENTARIO
FEMINISTA

EN DATOS

M

Penguin
Random House
Grupo Editorial

Tu argumentario feminista en datos
150 razones para combatir el machismo

Primera edición en España: febrero, 2024
Primera edición en México: diciembre, 2024

D. R. © 2024, Júlia Salander

D. R. © 2024, Penguin Random House Grupo Editorial, S. A. U.
Travessera de Gràcia, 47-49, 08021, Barcelona

D. R. © 2024, derechos de edición mundiales en lengua castellana:
Penguin Random House Grupo Editorial, S. A. de C. V.
Blvd. Miguel de Cervantes Saavedra núm. 301, 1er piso,
colonia Granada, alcaldía Miguel Hidalgo, C. P. 11520,
Ciudad de México

penguinlibros.com

D. R. © 2024, Sindy Takanashi, por el prólogo

ISBN: 978-607-384-891-6

Impreso en México – *Printed in Mexico*

JÚLIA SALANDER

Prólogo de Sindy Takanashi

TU ARGUMENTARIO FEMINISTA EN DATOS

150 RAZONES PARA COMBATIR EL MACHISMO

Montena

Para las que luchan gritando o en silencio, para las que se han rebelado o están en proceso de hacerlo, para las que sueñan con un mundo feminista y para las que lo quieren ya. Especialmente, para las que ya no están. Esto es por y para vosotras.

PRÓLOGO

NO SOLO DE PALABRAS VIVE EL FEMINISMO

Hace algunos años, a raíz del asesinato de una niña asturiana a manos de su madre, se difundió desde ciertos sectores políticos una noticia que afirmaba que las mujeres somos «potenciales asesinas» de nuestros hijos, porque, supuestamente, «el 70 % de los filicidios fueron cometidos por mujeres» [sic]. Fue el argumento ideal para aquellos que se sienten amenazados por el avance del feminismo. Los que niegan la violencia machista hallaron la excusa perfecta para silenciar a las mujeres de su entorno: ¿que nosotros cobramos más que vosotras? Pues vosotras sois potenciales asesinas. ¿Que nosotros drogamos a mujeres para violarlas? Puede ser, pero vosotras matáis a vuestros propios hijos. Recibí muchas consultas de seguidoras que estaban preocupadas por la veracidad de esta noticia. Me hicieron falta solo diez minutos para darme cuenta de que no solo era falsa (supuestamente citaba cifras del Instituto Nacional de Estadística, que no publica datos de asesinatos ni homicidios de niños), sino que también estaba diseñada específicamente para desacreditar la lucha feminista. Al final, ¿qué hay más sagrado, en la visión tradicional de la sociedad, que el vínculo entre madre e hijo? Si eres feminista, querrás romperlo, y si quieres romperlo, es porque eres feminista. Y así creció el bulo.

Toda esta retórica, tan retorcida y cruel, se debe a que vivimos en un mundo patriarcal, que lo impregna todo. En ese entonces, ya me obsesionaba cómo explicar algo tan complejo como el patriarcado de una manera sencilla y accesible para todos y todas. ¿Cómo explicar que las mujeres no nos prostituimos por libre elección si nadie nos está apuntando con una pistola? ¿Cómo hacer entender a mi público que lo que realmente me preocupa es la razón por la cual las mujeres erotizamos la violencia sexual y que no juzgo los gustos individuales de cada una? Conocer a Júlia me acercó un poco más a la solución de este problema que enfrentamos a menudo las activistas y comunicadoras. Sus vídeos, en los que habla de la realidad que nos rodea basándose en cifras y datos incontestables, demuestran claramente que no hay bulo, youtuber hostil de la manosfera ni troll de internet que pueda contra la dura realidad que aportan las cifras.

Júlia es la prueba de que dato mata relato. Hace unos meses, tuve la suerte de contar con ella como colaboradora de mi programa *Queridas Hermanas* y pude preguntarle si es cierto que las madres asesinamos más a nuestros hijos que los hombres. No hay nada que me ponga más cachonda que enviar el clip del vídeo con su respuesta a cada persona que intenta desacreditarme con el bulo de las madres asesinas. Nadie te va a explicar como ella de dónde salen los datos (spoiler: de la Delegación del Gobierno contra la Violencia de Género y del Ministerio de Interior), cuáles son reales (entre 2013 y 2020 el 56 % de los filicidios registrados fueron perpetrados por el padre) y cómo interpretarlo (la violencia es una forma de socialización masculina, aunque de esto ya os empaparéis bastante en este libro).

Y como este tema, tantos otros: Júlia es una comunicadora increíble que hace fácil lo difícil y que es capaz de analizar todas las facetas del mundo en el que vivimos desde la objetividad pero también con un puntito muy necesario de mala leche.

El libro que tienes en tus manos te proporcionará el placer que se experimenta al callar bocas con rigor y conocimiento. Además, te dará las herramientas necesarias para llevar a cabo la acción individual más eficaz que podemos ejecutar: informarte sobre la realidad de las mujeres basándote en la evidencia que aportan los datos.

Sindy Takanashi

INTRODUCCIÓN

UN DATO SIN TEORÍA NO SIGNIFICA NADA, UNA TEORÍA SIN DATOS ES PROPAGANDA

Es viernes por la tarde, sales del trabajo agotada y cabreada con tu jefe por tratarte con ese paternalismo rancio. Miras el móvil: «Muere una mujer de treinta y cuatro años a manos de su exmarido». ¿«Muere»? ¿En serio, señor periodista? Y ya van cuatro en una semana. Llegas a tu minúsculo piso, que a tus casi treinta años sigues compartiendo porque tu sueldo no da para más. Tu compañera no está; como cada finde se ha ido a cuidar a su madre, pues su hermano pasa de todo y le toca toda la carga a ella. La otra compi está llorando en el sofá: otra vez ha tenido drama con ese novio que la trata fatal. La abrazas y le propones salir a tomar algo, le cuentas que han abierto un sitio nuevo que tiene buena pinta y la animas a ir.

Tardáis media hora en «arreglaros», como si estuvierais rotas y hubiese algo que «arreglar», y, aunque bajo esa capa de pintura os veis mejor, ya no os sentís vosotras mismas. Os miráis al espejo, sonreís y salís a la calle de vuestro barrio gentrificado. Empieza la aventura. Notas la primera mirada incómoda. Agachas la cabeza para no hacer contacto visual y sigues adelante. Pasáis por delante de un grupo de hombres y suena un «tías buenas», seguido de unos silbidos y unos murmullos. Otra vez igual.

No sois madres, tú por elección propia y tu amiga por falta de estabilidad económica. Y, por lo que os cuentan vuestras amigas que lo son, ¡de la que os estáis librando! En el bar, un tío interrumpe vuestra conversación para ligar contigo. «Soy lesbiana», le dices con orgullo, y se retira diciendo por lo bajini «porque no has probado una buena polla». Empiezan los conciertos: tres bandas, todo tíos. Os rayáis y salís de ahí. Volvéis al bar de siempre, con las de siempre. Ese sí es vuestro lugar.

Un día normal, una historia normal, vivida desde tu subjetividad. ¿Cómo cuantificar ese malestar? ¿Cómo calcular la desigualdad? ¿Qué hay de objetivo en esa experiencia individual? ¿Cuál queremos que sea nuestra «normalidad»?

Tu argumentario feminista en datos es una extensa panorámica de nuestra realidad actual, la de las niñas y las mujeres en España (aunque también saldremos de nuestras fronteras) en pleno siglo XXI. Tras varios años de intensa lucha feminista, y de una respuesta reaccionaria del machismo, es útil parar, analizar y preguntarnos: ¿dónde estamos y qué nos falta por lograr? A través del análisis de 150 datos concretos, pondremos palabras y cifras a la opresión y la violencia que seguimos sufriendo las mujeres. Estas 150 verdades objetivas se convierten en 150 argumentos para debatir con la realidad en la mano y en 150 razones para seguir luchando para combatir el machismo hasta el final.

Quizá te estés preguntando qué tiene que ver el feminismo con el análisis de datos y qué sentido tiene juntar ambas cosas. Es normal, la mezcla es poco habitual. Sin embargo, la respuesta es clara: un dato sin teoría no significa nada, y una teoría sin datos es propaganda. Esa lección la aprendí, llámame friki, en la asignatura optativa de Análisis electoral, en la carrera de Ciencias Políticas. Siempre me han vuelto loca las matemáticas, especialmente la estadística, y ese día descubrí que mi extraña pasión podía tener aplicaciones útiles con fines políticos, que tal vez serviría para cambiar el mundo. Desde entonces entiendo que lo cuantitativo no significa nada sin lo cualitativo, y viceversa.

Soy politóloga y analista de datos, y llevo implicada en la lucha feminista desde que tengo uso de razón. Recuerdo que con doce años estaba el telediario puesto en casa y escuché la noticia de que en los Sanfermines una chica se había quitado la camiseta y un montón de tíos habían aprovechado para manosearla. La opinión general era que ella se lo había buscado por enseñar los pechos y ahí hice clic. Me indigné muchísimo. Empecé a leer y leer, necesitaba buscar respuestas y sentirme comprendida.

El feminismo es un motor para mí, es lo que me mueve a hacer activismo en redes, en mi entorno y conmigo misma. Y es todo un proceso aprender a poner nombre a las dinámicas que nos afectan y dotarnos de herramientas para construir una sociedad más justa e igualitaria. Ese es mi objetivo como divulgadora: contribuir al debate y a las reflexiones que vertebran el feminismo, hacer que la gente se haga preguntas, que surjan debates candentes y explicar conceptos complejos de forma accesible.

El feminismo es el movimiento social más importante del siglo XX y con el mayor potencial transformador de la actualidad. Su objetivo es erradicar la opresión histórica que sufrimos las mujeres y, como consecuencia, alcanzar la igualdad entre hombres y mujeres, transformando todo el modelo de organización social tal y como lo conocemos. Por eso el feminismo nos interpela a todas y a todos, de forma distinta y con diferentes roles. Pero no es ajeno a nadie.

Sin embargo, la lucha feminista, igual que otros movimientos sociales y políticos, suele nutrirse mucho de teoría, filosofía, reflexión y retórica, y a menudo se olvida del análisis material de la realidad, de la objetividad, de los datos y la estadística. Acercarnos con este prisma a los temas sociales y políticos es crucial, porque nos ayuda a comprender mejor la realidad, consolidar nuestras ideas, fortalecer nuestro argumentario y establecer urgencias y prioridades.

Comparemos estas dos frases: «Los hombres cobran más que las mujeres por el mismo trabajo» y «En España, en 2024, los hombres cobran un 24 % más que las mujeres por el mismo trabajo». En ambas frases decimos lo mismo, pero al aportar cifras concretamos y damos forma a esa diferencia, generando en el receptor una sensación de seguridad y rigor. Si alguien quiere contraargumentar esta afirmación, tendrá que cuestionar ese 24 %.

Los datos, indicadores y métricas juegan un rol crucial en las ciencias sociales y, por supuesto, también dentro del feminismo. Pensemos en la brecha salarial, los feminicidios, las tareas del hogar, las reducciones de jornada, o el consumo de ansiolíticos. Los datos nos permiten cuantificar la realidad, nos ayudan a contrastar nuestras creencias y nos proporcionan evidencias. ¿Cómo vamos a combatir el machismo si no lo podemos cuantificar?

La necesidad de datos no implica que no debamos ser muy precavidas con el uso de los indicadores, ya que existen dos problemas potenciales: caer en la deshumanización y el peligro de la fiabilidad de los datos. Sobre el primero, es cierto que un número es algo frío e inerte, pero detrás de los números siempre hay personas sintientes, historias y realidades complejas. Cualquier indicador necesita de un contexto para que tenga sentido; el número de forma aislada nos da muy poca información, pero al acompañarlo de un contexto y de una teoría o hipótesis es cuando aporta realmente valor.

Por otro lado, si hablamos de datos, y más en un contexto de ciencias sociales, nos enfrentamos al desafío de la fiabilidad. En la era de la información y en pleno apogeo de las *fake news,* estamos inundadas de datos y el verdadero reto es saber seleccionar qué es cierto y qué no, cuáles de los diez mil artículos sobre algo aportan realmente valor y cuáles no. Cuando se hacen afirmaciones, y más si hay datos de por medio, es esencial contrastar las fuentes, investigar cómo se han calculado esos indicadores y tener muy presente que detrás de un número siempre hay decisiones ideológicas.

Pensemos en el recuento de feminicidios. El *output* final que vemos consta de números y podemos caer en la trampa de creer que son objetivos. Pero, por ejemplo, hasta el año pasado solo se contaba como feminicidio un asesinato en el marco de la pareja o expareja. Si el agresor era tu vecino, un compañero de trabajo o un ligue, no se reflejaba en la cuenta oficial de asesinatos machistas. Por suerte, a partir de 2022, existe un recuento oficial que contempla cualquier tipo de vínculo con el agresor. Pero aquí ya vemos claramente que hay un juicio ideológico para decidir qué se contabiliza y no como asesinato machista.

Detrás de un indicador hay mil decisiones que no tienen nada que ver con los datos, sino que están basadas en cómo definimos los conceptos, y en este punto siempre entran juicios de valor e ideologías. Sin embargo, la complejidad de la realidad no puede asustarnos a la hora de intentar describirla o modificarla. Siendo conscientes de la pluralidad de datos, y a veces encontrando un punto de equilibrio entre varias fuentes, debemos aplicar un pensamiento crítico y saber discernir qué hay detrás de cada información. El feminismo necesita datos para luchar contra el machismo.

Eso es lo que pretende este libro: aportar argumentos basados en realidades objetivas sobre los temas que vertebran el movimiento feminista: la socialización, las agresiones machistas, la representación de la mujer, el mercado laboral, la maternidad y los cuidados, la salud física y mental, la violencia estética y la violencia sexual.

Pondremos el foco en qué debates se producen en torno a ellos y qué nos dicen los datos, de forma didáctica y simple, así que no hace falta conocer la teoría feminista para disfrutar este libro, porque está pensado para que cualquier persona, independientemente de sus conocimientos acerca del feminismo, lo pueda entender y asimilar.

Así que adelante, veamos dónde estamos y qué nos falta por lograr.

SOCIALIZACIÓN Y AMOR ROMÁNTICO

Este es el primer capítulo porque todo empieza aquí: **la desigualdad entre hombres y mujeres se transmite mediante los procesos de socialización**, es decir, del aprendizaje que hacemos de las normas sociales. Cuando nacemos somos como una hoja en blanco y todo lo que vamos escribiendo está impregnado de la sociedad en la que vivimos. Aunque lo hagamos de forma inconsciente, absorbemos muchísima información de nuestro entorno y acabamos imitando aquello que vemos.

Esto determina quiénes somos, cómo nos definimos, la manera en la que nos vestimos, qué nos gusta, cuáles son los peinados que llevamos, cómo nos enamoramos, qué valores tenemos o el modo en que encajamos en el mundo. Es muy complejo aceptar que nuestras decisiones realmente no son tan «nuestras», ya que esto implica reconocer que la libertad y la autonomía de las que disponemos son limitadas.

El contexto social nos marca siempre y por ello entender todas las implicaciones que tiene en nosotras es clave para el feminismo. Y más cuando tomamos conciencia de que en este mundo no es lo mismo ser un hombre que una mujer. ¿Cómo crees que habría sido tu vida si hubieses nacido hombre? ¿Qué opinas que sería distinto?

Aquí veremos **25 razones para seguir combatiendo el machismo en la socialización de género, en los estereotipos que siguen a la orden del día o en la idea del amor romántico.**

A LOS 18 MESES YA SE APRENDEN LOS ESTEREOTIPOS DE GÉNERO

Aunque parezca sorprendente, **entre los 18 y 24 meses los niños y las niñas ya conocen los estereotipos de género** y, sobre los 3 años, ya han consolidado estas ideas y construyen su identidad en función de ellas. Esta es la conclusión del Departamento de Psicología de la Universidad de California, en su artículo «Autosocialización de género en la primera infancia».

Podéis comprobarlo vosotras mismas: es tan fácil como **preguntarle a una niña si es una niña y, luego, hacer la gran pregunta: «¿Cómo lo sabes?».** Las respuestas serán variopintas, desde: «porque tengo el pelo largo», «porque llevo pendientes» o «porque voy con vestido». Estas caricaturas con el tiempo se incrementan, se vuelven más complejas y más difíciles de deconstruir.

¿Y qué son realmente los estereotipos de género? Existen mil formas de definirlos, y una de las más sencillas es imaginarse el «ideal» de mujer y de hombre. Esa imagen que todas tenemos sobre cómo nos gustaría ser físicamente o cómo comportarnos. Es ese **manual de instrucciones** sobre cómo gesticular, cómo hablar, cómo caminar, cómo comer, cómo cortarse el pelo, cómo sentarse, cómo cruzarse de piernas, cómo reír, cómo vestirse, cómo maquillarse. Toda nuestra forma de actuar no deja de ser una coreografía aprendida con base en nuestro sexo.

Al fin y al cabo, el género no deja de ser esas cajas rosas (feminidad) y azules (masculinidad) que nos han colocado delante para que nos amoldemos a ellas a la perfección. Y, si lo pensamos bien, uno de los grandes peligros del género es cuando se vincula con el sexo. Continúa instaurado lo siguiente: cuando **un niño se comporta «como una niña»**, se intenta cambiar su conducta y se le corrige. Muchas veces se hace a través de bromas o comentarios que, a simple vista, parecen inocentes. Y lo que hay detrás de esto es un mensaje que cala mucho: ¡cuidado, que te estás alejando de lo que se espera de ti!

DATO MATA RELATO 🔥

Desde **el minuto cero** el patriarcado empieza a construir lo siguiente: como eres un niño (sexo), te tienes que comportar como un niño (género), hacer cosas de niño, hablar como un niño, jugar como un niño, etc. Y algo muy fuerte: los niños serán amigos de niños y las niñas solo de niñas. En Primaria, **únicamente el 20 % de los estudiantes afirma tener un grupo de amistades mixto**, y en el caso de «mejores amigos» como «mejores amigas» mixtos baja al 10 %. Esto reafirma nuestro aprendizaje de una forma segregada y, aunque se nos presente como una elección libre y natural, es producto de toda esa socialización.

LOS NIÑOS OCUPAN EL 80 % DEL PATIO DEL COLEGIO

La primera vez que leí esto me impactó muchísimo: **los niños ocupan el 80 % del patio del colegio**. Esta frase me la encontré en el libro de Nuria Varela *Feminismo para principiantes*, donde analiza las consecuencias de que haya **juegos de niños y de niñas**. De los niños se espera que hagan actividades físicas, principalmente, asociadas con el deporte: fútbol, básquet o escalar árboles. Esto es así porque hasta ahora el deporte se nos había presentado como «algo mayoritariamente de hombres», mientras que los juegos de niñas tienen que ver con los cuidados o las relaciones humanas: jugar a «papás y mamás», hablar entre ellas o cantar canciones mientras se dan palmadas (uno de los ejemplos más macabros sería la canción de «Don Federico mató a su mujer»).

En definitiva, se nos enseñan distintos juegos, y el resultado de esta diferencia es que **los niños acaban ocupando prácticamente todo el espacio** y se genera una jerarquía entre ellos y nosotras. La excusa es que para jugar a cualquier deporte se necesita mucho espacio y porterías o canastas de punta a punta, y eso hace que las niñas queden relegadas a las esquinas o a los márgenes. ¡Y pobre de ti si se te ocurre pasar por el medio del campo mientras ellos juegan!

Esto nos aporta tres aprendizajes: 1) nuestro lugar es estar relegadas en el margen, 2) nuestros juegos y actividades son menos importantes y 3) no hemos de «molestar» o interrumpir las actividades de los niños, mientras que ellos pueden lanzar pelotas por todas partes sin que pase nada. Y, claro, luego nos sorprendemos si las mujeres ocupamos el espacio público de forma diferente que los hombres, hablamos menos en reuniones de trabajo, nos sentamos cruzando las piernas y ocupando el menor espacio posible en el transporte público. **¿Cómo no vamos a ser invisibles si se nos ha enseñado a serlo desde que somos pequeñas?**

EL DATO QUE TE PETA LA CABEZA

Si las niñas y los niños se pasan **unas 525 horas al año jugando en los patios** de los colegios, ¿qué mensaje les damos si permitimos que haya una clara dominación y desigualdad entre ellos? Este dato sale del informe *Los patios de las escuelas: espacios de oportunidades educativas*, y apunta que en la infancia el uso del espacio es muy importante para nuestra educación. Si desde bien pequeñas se nos enseña que nuestro terreno de ocio está limitado, que ocupamos un segundo lugar y que nuestro rol está subordinado al de los niños, **¿qué clase de educación estamos recibiendo?**

EN 1914, EL COLOR ROSA ERA PARA NIÑOS Y EL AZUL PARA NIÑAS

Aunque nos sorprenda, **el rosa no siempre ha sido «de niñas»**. Actualmente, se nos inculca el rosa hasta con calzador: es «nuestro» color, lo que nos define y lo que nos distingue de los niños. Nuestra identidad gira en torno a él y la feminidad se construye basándose en eso.

En las «populares» fiestas de *Gender Reveal*, todo el mundo sabe qué representa cada color. Esta curiosa escenificación demuestra **la importancia que le da la sociedad al sexo**, pero también es el pistoletazo de salida para que el género entre en acción. Además, en las prendas de ropa y juguetes para niñas veremos corazones o florecillas, mientras que, en el caso de los niños, hay cohetes o dinosaurios. Y esto nos lanza un mensaje muy potente: **«Niñas enamórense, niños descubran el mundo»**.

Pero, ey, esto no siempre ha sido así. El rosa es un color relativamente nuevo en los tejidos y se puso de moda en Europa durante los siglos XIX y XX, gracias a influencias que vinieron de Japón. En ese momento, no estaba vinculado a ningún sexo, era un color totalmente neutro. Lo fuerte es que un periódico de Estados Unidos, *The Sunday Sentinel*, **publicó en 1914 que se debería usar el rosa para niños y el azul para niñas**. El motivo: entendían el rosa como un color más decidido y el azul más delicado. La historiadora Jo Paoletti apunta a que el rosa se asociaba con la masculinidad porque se consideraba como un rojo aguado, vinculado con la sangre.

El cambio de paradigma se produce a partir de la Segunda Guerra Mundial. La industria de la moda y publicidad se encarga de asociar el rosa con las mujeres, y esto cala a fondo. Se demuestra que: 1) el mundo tal y como lo conocemos es algo reciente y 2) los conceptos de feminidad y masculinidad son construcciones sociales, un invento del capitalismo; no hay nada de natural e intrínseco en los roles de género.

INDAGANDO QUE ES GERUNDIO

Está claro que nos inculcan el uso del rosa durante toda nuestra infancia, hasta que un día, de repente, se produce en nuestras vidas un cambio abrupto: **todo lo que nos definía pasa a ser denostado**. La gran sorpresa es que, si en la adolescencia o adultez te sigue gustando el rosa, de repente eres una cursi, una pánfila, una infantil o una tonta. Esa ruptura es superradical y tiene unas consecuencias muy fuertes en la construcción de nuestra identidad. Mientras que en la masculinidad eso no ocurre, **los gustos y símbolos significativos asociados a los hombres se mantienen estables en el tiempo:** el fútbol, los coches o los trenes te pueden gustar con 5, 20 o 50 años.

EL 11 % DE LOS ANUNCIOS DE JUGUETES SEXUALIZA A LAS NIÑAS

Sobre la publicidad se podrían analizar tantísimas cosas: cómo nos representa, qué imagen construye de nosotras o qué impacto tiene en nuestro subconsciente. Y, ¡oh, sorpresa!, cuando ponemos una lupa en **los anuncios, las revistas o los catálogos vemos que están llenos de estereotipos machistas**. Aunque parezca mentira, no se libran ni los anuncios de juguetes para niños y niñas.

En 2020, el Instituto de las Mujeres publicó un estudio muy completo llamado *Publicidad y campañas navideñas de juguetes: ¿promoción o ruptura de los estereotipos de género?* El objetivo era analizar si había diferencias en cómo se representa a los niños y a las niñas e identificar la presencia de caricaturas sexistas. Se **analizaron 177 anuncios de televisión** de diferentes cadenas, un total de 71 horas de grabación, también 8 catálogos de juguetes, 13 tiendas especializadas en juguetes y 5 páginas web del sector.

Las conclusiones fueron claras: **existe una diferencia abismal entre la representación de las niñas y de los niños**. Si miramos los anuncios que tratan sobre profesiones, cuando aparecen niñas, el 34 % de la publicidad las relacionan con temas de peluquería y estética (en el caso de los niños solo es el 4 % de los anuncios). Se anuncian como policías, militares o pilotos el 50 % de los anuncios donde salen niños, y solo el 20 % en los que salen niñas.

INDAGANDO QUE ES GERUNDIO

En diciembre de 2022 entró en vigor en España el Código de Autorregulación de la Publicidad Infantil de Juguetes. Está formado por **64 normas que prohíben un uso sexista y discriminatorio de la publicidad**: no se pueden presentar juguetes «para niños» y otros «para niñas», no se puede hacer un uso arbitrario de los colores (rosa para niñas, azul para niños), no se puede sexualizar a niñas (literalmente dice «evitando que aparezcan vestidas y maquilladas como mujeres adultas o que evoquen el mandato de gustar»).

Además de los típicos estereotipos que todas nos podemos imaginar, una de las conclusiones más llamativas es que **en el 11 % de los anuncios las niñas (entre 7 y 11 años) aparecen sexualizadas**, a través de gestos, posturas o miradas «seductoras», y, por el contrario, no se ha identificado ningún caso en niños. ¿Por qué pasa eso? La sociedad machista no concibe que una mujer no se muestre sexy al mundo, y las niñas tampoco se libran de esto. Nos están mostrando el camino de cómo debemos comportarnos para encajar, y estos aprendizajes empiezan bien pronto.

EL 37 % DE LAS MUJERES MEXICANAS SE IDENTIFICA COMO FEMINISTA

A mayor hegemonía, mayor poder transformador. Que un movimiento se masifique implica más gente comprometida, más probabilidades de poner temas en la agenda pública y, por tanto, mayor potencial para cambiar las cosas. En 2023, solo **el 37 % de las mujeres en México se autoidentificaba como feminista** (frente al 31 % de los hombres), según datos de Estatista, que bebe del estudio *International Women's day*, hecho por Ipsos en 32 países diferentes.

Detrás de este dato se esconde la otra cara de la moneda: eso significa que el 63 % de mujeres y el 69 % de hombres no se declara feminista. Claro, cuando entendemos el movimiento como una lucha por la igualdad, por la equiparación de derechos y oportunidades entre hombres y mujeres, por erradicar todo lo que nos oprime a las mujeres. Mi pregunta es, ¿cómo puede ser que haya gente que no se identifique como feminista?

Ya lo decía Chimamanda: «Todos deberíamos ser feministas». Y tenía razón, porque sí podemos entrar en una discusión filosófica sobre si identificarse como feminista te hace automáticamente serlo. **¿El feminismo ha de luchar para que todo el mundo se identifique como tal, o para que todo el mundo se comporte como tal?** Pero viendo los datos de la realidad mexicana, el primer paso es interesarse por el feminismo, acercarse al movimiento con ganas de aprender y hacer un ejercicio de deconstrucción.

Así que sí, identificarse como feminista es crucial para adentrarse en el movimiento. Para empezar un camino hacia la detección del machismo, de la violencia que sufrimos por el hecho de ser mujeres, de encontrarnos a nosotras mismas reproduciendo las dinámicas del sistema y, lo más importante, **identificarse como feminista es condición necesaria para que se produzca un cambio.**

EL DATO QUE TE PETA LA CABEZA

Este 2024, **la manifestación del 8M en Ciudad de México alcanzó los 180.000 participantes.** Siendo una de las manifestaciones más masivas de los últimos años, fue convocada en la Glorieta de las Mujeres que Luchan, un sitio profundamente simbólico. El tema principal de la marcha fue denunciar las desapariciones de mujeres y feminicidios, los lemas que se escucharon fueron: «Ni una menos», «Se lo debemos a las que ya no están» y «Nunca más sin nosotras».

EL 68 % DE LA POBLACIÓN MEXICANA CREE QUE LA VIOLENCIA DE GÉNERO HA AUMENTADO MUCHO

Los datos son cruciales para hacer un escáner a la sociedad y entender qué tendencias y pensamientos operan en la actualidad y cómo cambian en el tiempo para darnos cuenta de que la realidad no es inamovible, **el feminismo y el machismo cambian y se transforman.**

Y aquí vamos con el dato: **el 68 % de la población mexicana cree que la violencia de género ha aumentado mucho**, y como era de esperar vemos diferencias entre hombres y mujeres. El 72 % de mujeres creen que ha aumentado mucho versus el 63 % de los hombres. Parece que, si no te afecta directamente a ti este tipo de violencia, no tomas tanta conciencia de que existe. Estos datos salen de un estudio realizado por *El País México* en 2021.

¿Por qué la gente percibe que la violencia de género va a peor? Y, ¿por qué las mujeres lo creen más que los hombres? Sobre lo primero, podríamos pensar que al visibilizar el feminismo y nombrar públicamente las violencias y discriminaciones que sufrimos, la gente lo identifica más. Ya lo dice el eslogan: «Lo que no se nombra no existe». Es cierto que la violencia ha aumentado, pero también es que ahora somos conscientes de ella.

Respecto a lo segundo, a nadie le gusta perder privilegios. Aquí percibimos la coexistencia de dos corrientes: **el impulso del feminismo y el auge del antifeminismo.** Aunque parezcan intrínsecamente opuestas, ambas posiciones están ganando terreno al mismo tiempo.

En los últimos años hemos visto un incremento brutal de la extrema derecha, con una oleada de antifeminismo superpeligrosa y la aparición de grupos como los *incels*. Parte del argumentario de esta gente es que el feminismo oprime a los hombres, que los señala como opresores y que las mujeres estamos planteando una **«guerra de sexos»**. Y yo me pregunto, ¿por qué les da tanto miedo la igualdad?

INDAGANDO QUE ES GERUNDIO 👓

¿Qué son los incels? Es una subcultura de hombres jóvenes que quieren tener sexo con mujeres, pero no lo consiguen. Así que: «Como no consigo acostarme con mujeres y siento que me rechazan constantemente, genero odio hacia ellas».
Detrás de esto hay un discurso muy preocupante de «las mujeres me deben sexo». Vemos una misoginia muy extrema y rechazo hacia los hombres que sí consiguen el «triunfo social» de poder acostarse con mujeres. Este es el caldo de cultivo perfecto para la extrema derecha: hombres jóvenes con autoestimas destrozadas y mucha rabia hacia el mundo y hacia las mujeres.

EL AUGE DE LA EXTREMA DERECHA EN 5 PAÍSES DE LATINOAMÉRICA

El auge de la extrema derecha es algo mundial, lo hemos visto con Trump, LePen, Meloni, Milei, Bolsonaro o con José Antonio Kast. Y se consolida en la mayoría de los parlamentos del mundo: como en el Reino Unido, Alemania, Polonia, España, Chile o Colombia.

En Argentina hemos visto cómo Javier Milei ha arrasado en las elecciones, llegando a la presidencia. En Brasil, el expresidente Jair Bolsonaro sigue teniendo una base significativa de apoyo y su influencia política continúa siendo relevante. En Chile, José Antonio Kast, líder de extrema derecha, obtuvo un 28 % en la primera vuelta de las elecciones presidenciales de 2021, llegando a la segunda vuelta, lo que demostró el creciente apoyo a movimientos ultraconservadores en el país. En El Salvador, el presidente Nayib Bukele, aunque no se identifica estrictamente con la extrema derecha, ha implementado políticas de mano dura y tiene un enfoque autoritario que resuena con muchas posturas de extrema derecha.

En México, aunque la extrema derecha no tiene tanto empuje como en otros países, ha habido movimientos significativos como el Frente Nacional Anti-AMLO y la interacción con figuras internacionales como Santiago Abascal, de Vox, que han tratado de influir en la política mexicana con sus ideas ultraconservadoras.

Y todo esto son malas noticias para el feminismo, para las mujeres y para nuestros derechos humanos. La extrema derecha representa una ola reaccionaria profundamente machista: niegan la violencia de género, están en contra del colectivo LGBT, están en contra del aborto, quieren suprimir las consejerías de igualdad, censuran obras de teatro y libros feministas, eliminan los minutos de silencio a las víctimas de violencia machista, quieren acabar con el poco presupuesto y recursos que se destinan a las mujeres vulnerables.

La conquista de derechos requiere de un gran esfuerzo, pero cuando se consiguen, no nos podemos relajar, porque en cualquier momento podemos volver hacia atrás.

DEL DATO A LA IDEA

Si queréis profundizar más en el tema, podéis leer el artículo **«Neoconservadurismo, contramovimientos y estrategias para posicionar la agenda antifeminista. El caso de VOX en España»**, de Helena Varela Guinot (Universidad Iberoamericana Ciudad de México). Se hace un análisis exhaustivo del discurso de Vox y desengrana la agenda antifeminista.

EL 44 % DE LAS MUJERES SE MOLESTAN SI NO LAS INVITAN EN LA PRIMERA CITA

Aunque también el 40 % de mujeres se molestan si los hombres insisten en pagarlo todo. Estas son las conclusiones de un estudio hecho por Chapman University con 17.000 mujeres y hombres heterosexuales. Y es algo digno de analizar y que genera mucho debate. Chicas heterosexuales, ¿cuántas veces os habéis encontrado en una primera cita y dabais por hecho que os iban a invitar?

Históricamente, los hombres pagaban las facturas porque eran ellos los que tenían un trabajo remunerado. Tenía lógica: **como ellos ganaban dinero, ellos pagaban.** Cuando las mujeres empezamos a incorporarnos al mundo laboral, esta tradición deja de tener sentido. Y que quede claro que invitar a alguien es un gesto bonito. Siempre y cuando sea recíproco. Dar por hecho que los hombres han de invitar a las mujeres es sexista. Se generan dinámicas de poder y jerarquías, y cuando alguien te hace un favor es probable que espere «algo» a cambio.

¿Hasta qué punto es un micromachismo? Se suele denominar «micromachismo» a las conductas y actitudes que contribuyen a la violencia contra las mujeres en la vida cotidiana. Son difíciles de identificar, porque representan pequeños actos que tenemos supernormalizados y que son muy sutiles, y estas prácticas están aceptadas y legitimadas por el entorno social. Al fin y al cabo, que se empeñen en pagarte una cena por defecto genera jerarquías de poder.

EL DATO QUE TE PETA LA CABEZA

¿Te crees que eso solo pasa en España? Pues no. En 2019, un restaurante peruano fue multado por ofrecer una carta sin precios a las mujeres. Es increíble, pero en ese restaurante había dos tipos de cartas: «cartas para hombres», donde salían los precios, y «cartas para mujeres», en las que no aparecían los precios. **Los dueños argumentaron que era «un detalle» para sus clientas,** porque se consideraba «elegante» que fueran los hombres quienes pagaran la cuenta. El resultado de todo esto: la justicia les multó con 60.000 dólares por discriminar a las mujeres.

Entiendo que la intención del concepto «micromachismo» era hacer referencia a un machismo más sutil o imperceptible, pero no podemos obviar el significado real del prefijo «micro» (pequeño). ¿Hasta qué punto estamos restándole valor al machismo usando ese prefijo? Yo propongo llamarlo **«machismo inconsciente»,** para no crear machismos de primera y de segunda, y así es más fácil darse cuenta de que, al final, **tenemos muchas conductas interiorizadas que también nos han inculcado a nosotras y de las que debemos deshacernos poco a poco.**

EL 50 % DE LA POBLACIÓN CREE QUE LOS HOMBRES SON MEJORES LÍDERES

Las mujeres lideran el 11 % de las jefaturas de Estado, el 9 % de presidencias de gobiernos y el 25 % de escaños parlamentarios. Estos datos son preocupantes, porque demuestran la falta de representación de las mujeres en espacios de poder. Lo más fuerte es que son los «mejores» datos en toda la historia de la humanidad.

¿Por qué pasa esto? **Seamos honestas, la historia nos ha tratado muy mal.** Venimos de no ser consideradas «ciudadanas», de no tener derecho al voto, de no poder hacer nada sin la firma de nuestro padre o nuestro marido. El machismo ya es esto: considerar a las mujeres como seres inferiores. Y, aunque sobre el papel todo esto haya cambiado, en nuestras mentes aún quedan reductos de todas esas ideas.

Tenemos la suerte de que cada 5 años se publica la *Encuesta mundial de valores*, donde se pregunta sobre pensamientos y opiniones en más de 80 países del mundo, y aquí encontramos muchas pistas sobre la permanencia de ideas misóginas. Una de las conclusiones es que casi **el 50 % de la población mundial cree que los hombres son mejores líderes**. Si entendemos el liderazgo como algo agresivo e intimidatorio, seguro que ellos son mejores por la socialización con la que se han criado.

Y, si le damos una vuelta, es normal que la gente piense eso, tampoco nos han dado muchas oportunidades para demostrar que podemos liderar y ejercer poder. Básicamente porque **nos han expulsado de esos espacios y a las pocas mujeres que llegan se las machaca por temas que no tienen nada que ver con su trabajo.** Como sostiene Naciones Unidas: «Las mujeres líderes a menudo son observadas a través de una lente de género y no son juzgadas únicamente por su desempeño». ¿Cuántos comentarios sobre su ropa o su físico ha tenido que escuchar Yolanda Díaz? ¿Cuántos insultos machistas han recibido Ada Colau o Isabel Díaz Ayuso?

INDAGANDO QUE ES GERUNDIO

Un ejemplo de ello es lo que le pasó a **Sanna Marin, exprimera ministra de Finlandia**. Con 34 años se convirtió en la presidenta del país, la persona más joven del mundo en ser presidenta. El hecho de ser mujer y joven no sentó bien a parte de la sociedad. Los medios la persiguieron y acosaron: se filtró un vídeo suyo bailando y bebiendo con amigos, y se generó un debate social bestial. Se vio sometida a hacerse un test de drogas y se puso en duda su capacidad de liderazgo y de gestión. El mensaje es claro: aunque las mujeres empiezan a acceder a cargos de poder, el machismo les recuerda que no deberían estar ahí.

EN MÉXICO, SOLO 13 BEBÉS TUVIERON COMO PRIMER APELLIDO EL DE LA MADRE EN 2021

El tema de los apellidos es una mancha histórica de machismo en nuestra sociedad. Esta es una pregunta que me he hecho siempre, **¿por qué se pone el apellido del hombre primero?** Si es la mujer la que gesta al bebé durante 9 meses y la que se enfrenta al parto. Además, a nivel de descendencia, lo que está claro al 100 % es que ese bebé será de esa mujer (me encantaría hacer pruebas de paternidad a toda la población, nos llevaríamos más de una sorpresa). Y bueno, los casos más flagrantes se producen en la cultura anglosajona, Japón y Corea, donde las mujeres pierden el apellido de su padre al casarse y pasan a tener el del marido.

Aquí se ve bastante clara la función de un apellido, esa idea de propiedad y descendencia. **El linaje que se expande de generación en generación solo es el de los hombres.** Si lo piensas bien, todos los apellidos de las mujeres acaban desapareciendo: al estar en segundo lugar, al final nunca se conservan en parejas heterosexuales.

Hasta hace nada esto era así por defecto, no había debate, el apellido del padre iba primero. En México esto cambió en 2016, cuando la Suprema Corte de Justicia de la Nación determinó que los padres podían elegir el orden del apellido de sus hijos e hijas de la manera en que quisieran. Aunque saliera la ley, tardó mucho tiempo en empezar a aplicarse. Durante el año 2020, año en el que empezó la pandemia de covid, solo se contabilizaron 10 peticiones de este tipo. **Y en los primeros meses de 2021, solo se registraron 13 bebés con el primer apellido materno.**

A veces, las leyes van más avanzadas que la sociedad. En un mundo neutro, no debería haber preferencias entre el apellido de los hombres y de las mujeres. Y la realidad es que seguimos conservando una tradición patriarcal, ya sea por un tema de inercia, costumbres o el famoso «es que se ha hecho siempre así».

INDAGANDO QUE ES GERUNDIO

Rocío Benavente, periodista y coordinadora de Maldita Ciencia, registró a sus hijas con su apellido primero, y no solo eso. Antes de eso, **se cambió de orden sus apellidos para que sus hijas llevasen el apellido de su madre.** Ella define esta decisión como un homenaje a las mujeres. Lo más fuerte es que hubo gente que decía: «Su padre no está en sus vidas porque no se apellida como ellas» y, claro, según esa lógica, ¿significa que, durante toda la historia de la humanidad, las mujeres no hemos importado lo suficiente como para transmitir nuestros apellidos?

SI NACES MUJER, A LAS 48 HORAS DE VIDA TE PERFORAN LAS OREJAS

La primera marca de género que recibimos las mujeres son los pendientes en las orejas, y esto ocurre nada más nacer. Si nos ponemos puristas, podríamos decir que la primera marca son las majestuosas fiestas de *Gender Reveal* o tener toda la ropita rosa o azul. Pero vamos con los pendientes. ¿Por qué se sigue haciendo esto?

La principal función es poder distinguir a los bebés de las bebés, como si fuese un sacrilegio equivocarse con el sexo de un recién nacido. Para poder llevarlo a cabo, se decidió socialmente que lo mejor era agujerearles las orejas a las niñas. Lo que hay detrás de esto es la semilla de la idea de belleza y de la función decorativa que se espera de nosotras.

¿Por qué a las niñas sí y a los niños no? Mientras que, cuando un niño pide que le hagan un pendiente en la oreja, le hacen esperar hasta la adolescencia, a nosotras a las 48 horas de nacer ya nos están perforando los lóbulos. Y sí, lo de las 48 horas es real y es la recomendación más frecuente que dan en los hospitales, como explica la pediatra Virginia Díaz en una entrevista al diario *El País*.

Es muy curioso que no existan datos, ni oficiales ni por parte de los hospitales, sobre el porcentaje de niñas recién nacidas que llevan pendientes. Así que lo único que podemos hacer es reclamar que se recojan estos datos y observar a nuestro alrededor. Aquí el tema es: ¿qué potestad de decisión tiene una recién nacida? En un asunto que es puramente estético, debería ser la propia persona la que de forma activa tome una decisión. Porque volvemos a lo mismo: ¿por qué a nosotras y no a ellos? ¿Por qué no dejamos que decidan cuando tengan criterio propio?

DATO MATA RELATO 🔥

«Son tan pequeñas que ni se enteran». Esta es la frase más habitual cuando se tiene un debate sobre este tema. Y, a ver, OBVIAMENTE se enteran. Para llevar un pendiente has de perforar los lóbulos de las orejas y eso duele aunque tengas 3 días, 3 meses o 30 años de edad. Y, claro, ¿qué diferencia un pendiente en la oreja de uno en la ceja o en la nariz? Esto al final responde a unas costumbres sociales impregnadas de machismo, porque, casualmente, a quien se marca es a nosotras.

3 DE CADA 4 MUJERES EXPERIMENTAN EL SÍNDROME DE LA IMPOSTORA

El síndrome de la impostora es pensar sistemáticamente que somos un fraude y que no seremos capaces de hacer cosas; en definitiva, que nuestras habilidades son una farsa y que, en algún momento u otro, acabarán descubriendo la verdad: que somos unas farsantes. Esto obviamente está asociado a temas de autoestima y de falta de seguridad en nosotras mismas. Pero, claro, ¿cuál es el origen de todo ello? Sería muy fácil hacer un análisis individual del fenómeno y acabar con el típico «hace falta mucha terapia».

Cuando leemos que **3 de cada 4 mujeres experimentan el síndrome de la impostora** en algún momento de su carrera profesional, nos damos cuenta de que las conclusiones individualistas ya no sirven, porque claramente está pasando algo estructural. Este dato sale de un estudio realizado por KPMG en 2021, con una muestra de más de 2.000 mujeres de 1.000 empresas, tanto grandes como pymes.

Que a las mujeres nos suceda esto en mayor proporción que a los hombres no es casualidad. Queda claro que tampoco es algo individual: no importa cómo seas, tu personalidad, tu temperamento o actitud, porque **el hecho de ser mujer te asegura unas probabilidades altísimas de experimentar el síndrome de la impostora**. Soy consciente de que cuesta mucho pensar en términos estructurales en un mundo tan individualista como el nuestro, pero que este síndro-

INDAGANDO QUE ES GERUNDIO

Según el artículo «The impostor phenomenon at work», publicado en 2023 por la *Journal of Organizational Behavior*, la edad también es una variable que tiene un papel importante. Se concluye que, **a menor edad, mayor probabilidad hay de experimentar este tipo de pensamientos**: por ejemplo, el 86 % de las personas de 18 a 34 años afirman haber sentido que no merecían su puesto de trabajo. Mientras que, a medida que incrementamos la edad, el porcentaje va bajando muchísimo.

me afecte sobre todo a mujeres responde a una estructura y a una socialización colectiva.

¿De dónde viene realmente esto? A los hombres se les inculca que deben ser fuertes, competitivos y mostrarse una tras otra como líderes seguros de sí mismos, que deben hablar siempre primero, imponer sus ideas y tomar decisiones; mientras que a nosotras se nos enseña a no destacar y a tener un perfil bajo. Estamos acostumbradas a que nos interrumpan, nos cuestionen y, si nos mostramos fuertes y decididas, pasamos a ser unas mandonas. Inconscientemente, nos han enseñado a dudar de nosotras mismas.

18 ASOCIACIONES CONTRA LA FALDA EN LOS UNIFORMES ESCOLARES

Muchas veces pienso que nos han obligado a normalizar cosas que no son normales. Y aquí viene la pregunta: **¿por qué las niñas han de llevar faldas al colegio?** ¿Qué aporta en su educación? ¿Qué utilidad o practicidad tiene? Y, lo más importante, ¿qué hay detrás de que nosotras llevemos falda y ellos pantalones? Porque al final, si todo el mundo llevase falda por igual, el debate sería otro. Pero nos encontramos delante de un sinsentido que sirve para segregarnos sexualmente.

La realidad es que, en la mayoría de los colegios privados y concertados con uniforme oficial, existen dos versiones: para niños y para niñas. Y desde hace años **se han agrupado 18 asociaciones para luchar contra la falda en los uniformes escolares**, siendo su propuesta usar un uniforme para todo el mundo, sin diferenciar a los infantes por su sexo. Y es que obligar a las niñas a llevar falda es algo ridículo, porque solo tiene aspectos negativos: es una prenda que limita sus movimientos y las hace estar alerta de «no enseñar nada», cuando una niña en el patio del colegio debería estar centrada en jugar y no en taparse.

Además, potencia los mensajes de que las mujeres tenemos que estar guapas y agradables a la vista. ¿Qué otro motivo se os ocurre para justificar que el uso de la falda no sea un argumento estético? Y lo más turbio, **la sexualización del uniforme** y, por ende, de las niñas. Vivimos en una sociedad en la que enseñar ciertas partes del cuerpo se entiende como algo sugerente a nivel sexual. En el caso de las faldas es bastante claro: cuánto más corta sea la falda, más sexy se lee a nivel social. Solo hace falta buscar en Google «uniformes infantiles niñas» para darnos cuenta de que hay una capa de sexualización muy *heavy*.

INDAGANDO QUE ES GERUNDIO

En España, el Tribunal Supremo sentenció que obligar a las mujeres a llevar falda en el trabajo, mientras que sus compañeros hombres usan pantalón, implica una discriminación por razón de sexo. Algo que es anticonstitucional porque contradice el artículo 14 de la Constitución española: no se discriminará por razón de sexo, raza o religión. Si en el ámbito laboral parece que se ve claro, ¿por qué no en el ámbito educativo? Cuando, además, **proteger la infancia debería ser algo crucial.** Y, luego, ¿por qué después de esta sentencia seguimos viendo cómo las empresas obligan a las mujeres a maquillarse o llevar tacones de cara al público?

LAS MUJERES SE SIENTEN UN 33% MÁS PRESIONADAS PARA TENER ÉXITO

¿Alguna vez habéis sentido presión para sacar buenas notas? ¿Ser las hijas perfectas? ¿Las madres perfectas? ¿Que os reconozcan en el trabajo? Pues según el estudio *Las mujeres y los hombres, hoy. ¿Igualdad o desigualdad?*, de Laura Sagnier, publicado en 2023, **las mujeres sentimos un 33% más de presión que los hombres para tener éxito**: en los estudios, en el trabajo, para no defraudar a la familia y ser físicamente atractivas.

Este estudio pasó un cuestionario a 1.000 hombres y 1.000 mujeres, escogidos para que fueran representativos de la sociedad española. A nivel estadístico, **las conclusiones se podrían extrapolar a 29 millones de personas en España**. En este caso la pregunta realizada era: «¿Te sientes presionado/a para tener éxito? (en los estudios, trabajo, defraudar a la familia o ser físicamente atractivo/a)». Y las respuestas de hombres y mujeres fueron superdiferentes: el 28% de los hombres indicaron que sentían mucha presión para tener éxito en los estudios, frente al 37% de mujeres. En el caso de no defraudar a la familia, un 24% de los hombres sentían mucha presión, mientras que en las mujeres era un 36%.

Conclusión: sobre ideales de perfección, expectativas inalcanzables y presión para no fallar, las mujeres sabemos mucho. **¿De dónde viene realmente este sentimiento asfixiante de presión?** Por una parte, es cierto que las mujeres re-

conocemos y expresamos más cómo nos sentimos, por un tema de socialización. Así que estas diferencias en la socialización tienen un impacto en las respuestas, y más si hablamos de sentimientos. Además, estamos en un entorno que nos empuja más a las mujeres hacia la autoexigencia y nos abruma de responsabilidades y cargas.

¿Conocéis la típica expresión de que «las mujeres maduramos antes»? Pues no, no es que en nuestro ADN esté codificada una madurez temprana, es el propio sistema el que nos presiona para que seamos adultas antes de tiempo. Así, desde bien pequeñas se nos exige un rol en las tareas del hogar y en los cuidados a la familia que los hombres no reciben.

EN EL TERRENO DE LAS IDEAS

Sobre presión social hay un artículo de 20 páginas y muy fácil de leer que se llama **«La presión social que reciben las mujeres en diferentes ámbitos y contextos mediante plataformas virtuales»,** de Anabel López, de la Universidad de Murcia. En él se analiza cómo las redes sociales generan una presión social que es brutal en todo el mundo, pero especialmente en las mujeres, debido a la dictadura de la belleza y de la estética.

EL 56 % DE LAS ADOLESCENTES CREE EN EL MITO DE LA MEDIA NARANJA

Esto significa que **más de la mitad de las adolescentes afirman que creen en el mito de la media naranja**. Este mito es básicamente la creencia de que nuestra pareja está predestinada, de que estamos incompletas y logramos nuestra totalidad y plenitud con «la otra mitad». Vamos, que si estás soltera te falta algo, y lo que hay detrás es esa idea tan peligrosa de que «te realizas como persona cuando tienes pareja».

Este mito forma parte de algo más complejo: el mito del amor romántico. Es un conjunto de creencias que definen la forma en la que entendemos el amor de pareja: la media naranja, el príncipe azul, la exclusividad, el famoso «el amor todo lo puede», la romantización de los celos, la pasión eterna, la idealización del sacrificio, el «para toda la vida».

Hablar de amor en sí mismo no es un problema; al revés, es lo más sano y natural del mundo. El problema aparece cuando solo se fomenta una interpretación del amor como algo predestinado, exclusivo, sacrificante, totalizador o que ratifica todos los mitos expuestos anteriormente. Esta es la realidad que se nos presenta y, sin ser muy conscientes, iremos colocando nuestras experiencias dentro de estos marcos, para que así cobren sentido. Y sí, aunque la idea de media naranja parece algo inocente y cursi, lleva implícito un concepto bastante nocivo para nuestra identidad, autoestima y autonomía.

Más adelante veremos cómo nos han metido todos estos mensajes en la cabeza. Pero pensad una cosa, si yo os pregunto: «¿Estás de acuerdo con el mito de la media naranja?», probablemente muchas de vosotras contestaréis que no. **Pero, aunque no estéis de acuerdo racionalmente, es muy posible que lo apliquéis de forma inconsciente.** Lo podéis identificar bastante rápido si tenéis pensamientos como «nunca voy a encontrar a nadie como él/ella», «sin ella/él estoy incompleta», sentimientos de angustia y presión para tener pareja o aversión ante la idea de estar soltera.

EL DATO QUE TE PETA LA CABEZA 💣

Los datos se extraen de un estudio de Victoria Ferrer y Esperanza Bosch, de la Universidad de las Islas Baleares, en el que se preguntó a más de 700 mujeres sobre el grado de acuerdo acerca de los mitos que configuran el amor romántico. Aquí van más titulares: el 74 % cree en la idea de la pasión eterna, el 75 % en la omnipotencia (el amor puede con todo) y el 17 % acepta los celos como muestra de amor.
El 89 % se mostró en desacuerdo con la afirmación de que «se puede amar a alguien a quien se maltrata». Un 11 % contestó que sí está de acuerdo con esta frase...

EL 61% DE LAS CANCIONES HABLAN SOBRE AMOR ROMÁNTICO

El amor romántico necesita de unas cadenas de transmisión, es decir, formas para expandir sus mensajes. Aquí hablamos de canciones, películas, series o libros. Estos productos culturales son los **principales agentes socializadores en el mito del amor romántico**. Veamos a continuación ejemplos concretos:

Podríamos decir que usamos la música como un amplificador de nuestras propias emociones, ya sean de tristeza, felicidad o rabia. De ahí que muchas veces, cuando estamos tristes, buscamos canciones que reafirmen lo que estamos sintiendo. Investigadoras de la Universidad de Málaga han hecho un análisis de 1.800 canciones de los últimos 50 años, en concreto las canciones que han entrado en las listas de *Los 40 principales*. En su estudio han visto que el 72% de ellas hablan de relaciones interpersonales y que, en concreto, el **61% tiene como protagonista al amor romántico**.

Pero ¿realmente las canciones hablan de amor? Ciertamente el tema del que tratan es el enamoramiento: esa etapa del principio, de pleno descubrimiento de la otra persona, donde las emociones están disparadas y se potencia la idealización. Recibir este tipo de mensajes de forma recurrente tiene un impacto en nosotras, solo hace falta estar un poco atentas a las canciones más escuchadas hoy en día para darnos cuenta de la romantización del sufrimiento, de

INDAGANDO QUE ES GERUNDIO

Siempre se dice que las canciones de reguetón son machistas, que sí lo son, pero los demás géneros musicales no se libran de la misoginia. Veamos un ejemplo: *Blurred Lines*, de Robin Thicke. Fue **número 1 en casi todos los países del mundo**. El título significa «líneas borrosas» y el mensaje de la canción es que, cuando las mujeres dicen que no, en realidad quieren decir que sí, pero se están haciendo las «difíciles». El significado se confirma en el estribillo «I know you want it» (sé que lo quieres).

los celos, del «sin ti no puedo» o del «y tú, y tú, y solamente tú».

Pensemos en los siguientes artistas: Pablo Alborán, Alejandro Sanz, Lana Del Rey, Olivia Rodrigo, Ed Sheeran o Taylor Swift. ¿Quién es su *target*? Sobre todo, mujeres. Y ¿cuáles son los temas principales de sus canciones? Principalmente, el amor/desamor. Y está genial, **no hay ningún problema en hablar de amor y en que tu público sean mujeres**. Pero estemos bien atentas y no perdamos la capacidad crítica para identificar qué mensajes son en verdad perjudiciales para nosotras.

EL 63 % DE LAS ADOLESCENTES VE PELÍCULAS DE AMOR ROMÁNTICO

El poder que tienen las imágenes es brutal. Con las películas buscamos sentirnos interpeladas con las protagonistas, empatizamos con sus problemas y somos espectadoras de sus desarrollos. Todas tenemos grabadas historias como la de *Titanic*, *Crepúsculo*, *Eterno resplandor de una mente sin recuerdos*, *50 sombras de Grey*, *Call Me by Your Name*, *Dirty Dancing*, *Tres metros sobre el cielo*, *Carol* o *Diario de una pasión*. Mientras que ellos prefieren movidas del Imperio romano o películas como *Braveheart*, *Gladiador*, *El Padrino*, *Blade Runner* o *El club de la pelea*. **Qué casualidad que nosotras estemos obsesionadas con el amor y ellos no, ¿verdad?**

Y no hace falta idealizar estas películas: **el hecho de haberlas visto hace que el mensaje haya calado en nuestra mente**. La ficción nos presenta realidades inventadas, definiendo un modelo de amor romántico, con estereotipos sexistas, que tomamos como natural y normal. Pensad en las películas de Disney y el mensaje que daban: **«la princesa necesita ser salvada por el príncipe»**. ¿Cómo no nos va a marcar esto?

Las Universidades de Málaga y de Guadalajara (México) hicieron un estudio con más de 5.000 adolescentes, 3.322 chicas y 1.863 chicos de España, Argentina, Chile, Perú y México; en él observaron que **el 16 % consumía películas románticas casi a diario y el 47 % de manera ocasional**. El género romántico socialmente está considerado para mujeres, al igual que el bélico se considera para hombres. Y tiene todo el sentido del mundo si pensamos en la socialización que hemos recibido: mientras nosotras estamos centradas en enamorarnos y encontrar nuestra media naranja, los hombres lo hacen en ellos mismos y en su trayectoria profesional.

Y, al final, no nos engañemos, todos y todas hemos estado expuestos a estos mensajes del sistema sobre el amor romántico, pero las mujeres con mucha mayor intensidad y con un rol activo. No es casualidad el estereotipo de la mujer centrada en lo romántico y el hombre centrado en lo sexual.

INDAGANDO QUE ES GERUNDIO

¿Os acordáis de las revistas «para chicas»? Como la *SuperPop* o la *Bravo*. Es impactante porque siguen existiendo, pero con otros nombres. **Estas revistas daban consejos sobre cómo enamorar a los chicos,** cómo adelgazar o qué ropa y maquillaje combinaban mejor, mientras que los niños consumían fútbol, tazos y Pokémon. Ante esta diferencia, la pregunta que me hago es ¿cómo serían el mundo y las relaciones heterosexuales si los hombres hubiesen consumido lo mismo que nosotras?

EL 25 % DE LOS HOMBRES CREE QUE LOS CELOS SON PRUEBA DE AMOR

Uno de los mitos del amor romántico que más nos ha marcado es la romantización de los celos. Nos han inculcado que **los celos son una muestra de amor** y que es algo inevitable cuando ese amor «es de verdad». Así, si no sientes celos hacia tu pareja es que no estás tan enamorada.

Esto, que dicho así parece una locura, **el 25 % de los hombres y el 14 % de las mujeres entre 15 y 29 años admiten que lo piensan**, según un estudio sobre adolescencia y juventud realizado por el Centro Reina Sofía en 2019. Estoy segura de que los porcentajes serían mucho mayores si no tuviésemos tan interiorizado que lo políticamente correcto es decir que los celos son algo negativo y no una prueba de amor.

Cuando hablamos de celos, englobamos dentro del concepto muchísimas cosas diferentes: **podemos sentir celos por una amiga, una hermana o una pareja**, y, dependiendo del motivo, estará más vinculado a la envidia, la inseguridad, la necesidad de control, la posesión o el miedo. Experimentar este sentimiento no es una prueba de amor ni está estrictamente relacionado con eso, porque sentir celos habla más de nosotras mismas que del vínculo con la otra persona. Y tampoco nos fustiguemos, ¿cómo no vamos a unir celos con amor, si es lo que nos han enseñado?

Pero no vamos a demonizar este sentimiento: **una cosa son los celos y otra muy distinta es cómo se gestionan**. Muchas veces los celos tienen una base real, tú experimentas celos como reacción a algo real y tangible (tu mejor amiga acaba de conocer a otra chica y deja de invertir tiempo contigo para hacerlo con ella); y otras veces los puedes sentir en forma de sospecha (estos son los más perturbadores por la angustia que generan, por ejemplo, cuando desconfías de tu pareja y te obsesionas en descubrir algo que quizá no es real). En cualquiera de los casos, no son una muestra de amor verdadero y pueden llevar a reacciones y comportamientos mucho más turbios y destructivos.

INDAGANDO QUE ES GERUNDIO

Nos han enseñado a romantizar los celos y los conflictos en las relaciones. Solo hace falta que contestéis a esta pregunta: **¿Cuántas veces habéis escuchado frases como «donde hay celos hay amor»,** «los que se pelean se desean», «el que no tiene celos no está enamorado», «amor y celos, compañeros» o «no hay amor sin celos, ni cordura sin recelo»? Podría citar todo el refranero español, pero está claro que la conexión entre los celos y el amor ha dejado huella en nuestro imaginario colectivo.

1 DE CADA 3 CHICAS SUFRE CONTROL POR PARTE DE SUS PAREJAS

¿Alguna vez os han cogido el móvil, sin vuestro permiso, para leer vuestras conversaciones? **¿En algún momento os habéis sentido controladas por vuestra pareja?** Y supongo que esto sería más difícil de reconocer, ¿ocasionalmente lo habéis hecho vosotras?

Pues 1 de cada 3 mujeres ha sufrido un control abusivo por parte de sus parejas a través del móvil, según el estudio *No es amor,* de Save the Children, publicado en 2021. Y no, eso no es una muestra de amor. Aunque nos lo hayan vendido siempre así, que tu pareja «necesite» saber en todo momento dónde te encuentras, con quién estás o qué haces no es sano ni es una conducta normal. Esto tiene un nombre y se llama control.

Y el problema es que estas actitudes son bastante difíciles de identificar, porque sin darnos cuenta **acabamos dando explicaciones para tranquilizar a la otra persona**, o para demostrar que no estamos haciendo nada malo. Y una de las consecuencias es que se construyen unas dinámicas de control que luego son muy difíciles de romper, además de que se romantizan y normalizan.

Una concepción del amor basada en el control, la intensidad de las relaciones en la adolescencia, la disponibilidad durante 24 horas que se presupone de tener un móvil y una jerarquía sexista estructural hacen que esto sea una bomba de relojería. Y creo que las redes sociales y **el uso del teléfono móvil han marcado un antes y un después en esta idea de control abusivo**. Hace 20 años, la forma de relacionarnos virtualmente era mucho más espaciada en el tiempo y menos intensa. Hoy en día, estamos acostumbradas a la inmediatez. Enviamos un mensaje y esperamos una respuesta al momento. Y ese acceso a la vida de los demás casi al segundo muchas veces se convierte en una herramienta de control casi imperceptible de la que puede ser muy difícil librarse.

EN EL TERRENO DE LAS IDEAS

Sobre este tema hay un documental increíble que se llama *La violencia invisible*, realizado por la Asociación de Mujeres Páginas Violeta. Está disponible en YouTube, dura unos 40 minutos y se centra en la violencia psicológica en relaciones de maltrato, haciendo una mención especial al control y la pérdida de autonomía.

LAS CHICAS HETEROSEXUALES PREFIEREN A LOS «MALOTES»

¿Cuántas veces os habéis enamorado del «malote» de la clase? Ese que repetía curso, suspendía asignaturas y la liaba en clase. Al ir cumpliendo años, esa definición cambia y se vuelve más oscura. Pero en el imaginario colectivo se ha asociado al chico rebelde indomable como atractivo y deseable, o eso es lo que nos han vendido en las películas. **Pero ¿a las chicas heterosexuales les gustan más los «chicos malos»?**

Gregory Louis Carter, Anne Campbell y Steven Muncer, investigadores de la Universidad de Durham, en el artículo «The Dark Triad personality: Attractiveness to women», publicado en 2013, **reunieron a 128 mujeres heterosexuales e hicieron el siguiente experimento**: primero se les presentó a un hombre con las características de «malote», un actor que hacía el papel de hombre narcisista, dominante y agresivo; después se les presentó a otro que hacía de buena persona, sensible, tierno y empático.

Ambos actores se presentaban durante 15 minutos y después ellas tenían que responder un cuestionario puntuando del 1 al 6 diferentes aspectos, como su atractivo, su amabilidad o su narcisismo. **El «malote» fue considerado un 32 % más atractivo que el chico tierno y sensible**: el «malote» obtuvo una media de 4,44 sobre 6 en nivel de atractivo, y el bueno, una de 3,34.

Aquí la cuestión interesante es entender **cómo se construye nuestro deseo y cuánto de**

INDAGANDO QUE ES GERUNDIO 👓

Ejemplos de películas que romanticen al «malote» tenemos a patadas, como *Tres metros sobre el cielo* o *50 sombras de Grey*. Este último filme ha sido, a nivel *mainstream*, **la máxima expresión de la romantización y propaganda del abuso** como algo excitante. Se nos presenta a un maltratador agresivo como una figura a la que desear, un hombre al que le gusta el sexo duro y que no tiene ningún reparo en acosar y controlar a mujeres. Y, claro, no solo fue un éxito en taquilla, sino que nos lo intentaron vender como una historia progresista y un paso para «la liberación sexual femenina».

todo esto lo hemos aprendido en las películas. Nos han metido con calzador el síndrome de Calcuta, en el que tenemos que salvar al chico malote y rescatarle de la mala vida, con el argumento de que en el fondo de esos chicos hay un buen corazón y que nosotras conseguiremos reconducirlos. Ahora mismo estoy describiendo el argumento de *La Bella y la Bestia*. No es casualidad que tengamos esta idea metida en la cabeza y, chicas, el amor no todo lo puede, y lo más importante es que os traten bien y no que salvéis a los tíos.

EL 60 % DE LA GENTE JOVEN PREFIERE UNA RELACIÓN ABIERTA

El tema de los modelos de relación es todo un melón sin abrir. **La realidad es que solo nos han enseñado un modelo posible: la monogamia.** Aunque ahora hemos empezado a conocer que hay más modelos de relación, que lo de poner los cuernos de forma sistemática se podría evitar y que es imposible que el mismo modelo haga feliz a toda la población.

Según el último estudio de JOYclub, **al 60 % de la gente joven le gustaría tener una relación abierta** y, de estos, solo el 12 % escogería un modelo poliamoroso. Además, según datos de OkCupid de 2022, solo el 7 % de la gente joven tiene relaciones abiertas. Todo apunta a que es algo generacional, porque según otro estudio más amplio, *Infidelidad y evolución de las relaciones no monógamas en España y Europa*, más de la mitad de los españoles no tiene ni idea de los tipos de relación no monógamas.

¿Y qué más tipos de relación existen? **Los dos modelos no monógamos más conocidos son las relaciones abiertas y poliamorosas.** Una relación abierta implica poder tener sexo con otras personas, pero sin generar un vínculo amoroso. Por lo tanto, existe una jerarquía: la pareja sigue ocupando el mismo rol y espacio que en una relación monógama, pero no existe exclusividad sexual. Todo esto es la parte teóri-ca, porque en la práctica cada pareja marca sus límites. Mientras, en el modelo poliamoroso no existe ningún tipo de exclusividad: ni sexual ni amorosa. Puede haber jerarquías o no, pero la idea es que se puede tener más de una pareja, con todas las responsabilidades afectivas que eso conlleva.

Ni la monogamia es un horror, ni el poliamor es maravilloso. Cualquier modelo de relación está sujeto a sus pros y sus contras, y más en este sistema. El problema es que solo se nos ha enseñado un modelo de relación como posible y a duras penas tenemos información o referentes sobre otros modelos. Lo que apuntan los datos es que las nuevas generaciones están dispuestas a explorar modelos alternativos a lo que conocíamos hasta ahora.

EN EL TERRENO DE LAS IDEAS

Para conocer más sobre relaciones poliamorosas, **el libro *El fin del amor: amar y follar en el siglo XXI*, de Tamara Tenenbaum, es muy interesante.** En él se explora la conversación de la monogamia como única opción posible y plantea los retos de otros modelos relacionales.

1 DE CADA 3 PERSONAS HA SIDO INFIEL

Los datos hablan por sí solos: **1 de cada 3 personas declara haber sido infiel alguna vez**. Así lo recoge una encuesta hecha en España por Sigma Dos en marzo de 2023. Si nos centramos en grupos de edad, los más infieles son los que tienen de 36 a 45 años (con el 36 %) y, aunque no os lo creáis, los menos infieles son los menores de 25 años (con el 20 %).

Un dato muy curioso es preguntarlo al revés: en vez de «¿has sido infiel?», hay que enfocarlo con un «¿te han sido infiel?». Aquí casi el 40 % de la gente responde que sí, y más del 60 % piensa que su pareja le ha sido infiel. **La mirada feminista la aplicamos cuando vemos que los hombres son más infieles que las mujeres**, pues al 42 % de mujeres le han puesto los cuernos frente al 35 % de hombres. Todo este estudio se hizo en parejas heterosexuales.

Esto se produce por varias razones: **hombres y mujeres hemos recibido diferentes mensajes sobre cómo nos relacionamos con el amor y el sexo**. A los hombres se les ha dicho que si tienen mucho sexo se incrementa su valor y hombría, son «los putos amos» y unos triunfadores. Mientras que a nosotras se nos ha dicho que si tenemos mucho sexo somos unas «facilonas» o unas guarras, así que nuestro «valor como mujer» se reduce. Estos mensajes nos impiden disfrutar de nuestra sexualidad de forma sana y nos hacen vivirla desde la culpa (cuando deberíamos hacerlo desde el placer). Y, además, se nos ha transmitido que nuestro objetivo en la vida es formar una familia estable y funcional.

Esto genera un caldo de cultivo que hace más probable la infidelidad en los hombres, no porque lo tengan en el ADN, **sino como producto de la socialización y la educación sexual**. La incapacidad de explorar otros modelos de relación más allá de la monogamia tampoco ayuda. Dice mucho de una sociedad si nos resulta más fácil ser infieles que revisar nuestro modelo de relación.

EL DATO QUE TE PETA LA CABEZA

Más datos: el 35 % ha sido infiel una vez, el 27 % afirma haberlo sido entre 1 y 3 veces, y el 17 % ¡más de 5 veces! **Es gracioso cuando se pregunta qué significa ser infiel,** es decir, dónde pone cada uno las líneas rojas: para el 37 % implica mantener una relación de intimidad con otra persona, para el 29 % es necesario que haya sexo y para el 23 % con un beso ya basta para considerarlo infidelidad. Lo más llamativo es que casi la mitad de la gente considera que se puede ser infiel solo con tener determinados pensamientos con otra persona.

HASTA 10 AÑOS DE DIFERENCIA EN PAREJAS HETEROSEXUALES

La diferencia de edad entre parejas es un tema que Leonardo DiCaprio o Risto Mejide han puesto bastante de moda. Estamos acostumbradas a ver a **hombres ricos y poderosos con mujeres mucho más jóvenes que ellos y descaradamente guapas**.

En Occidente, un porcentaje mayor **del 8 % de las parejas heterosexuales se llevan 10 años o más de diferencia entre ellos**, en las parejas gais representan el 25 % y en las lesbianas el 15 %. Es curioso cómo el porcentaje más pequeño se produce en parejas formadas por hombre y mujer, pero también es cierto que, al ser el grupo más mayoritario en la población, esto hace que sea el más visible.

¿Qué lectura feminista podemos hacer? Analizar de forma crítica las grandes diferencias de edad en parejas implica señalar los patrones de conducta: en Leonardo DiCaprio lo vemos clarísimo, no es un hecho aislado que se haya enamorado de una mujer a quien casualmente le saca 20 años, sino que estamos frente a una persona que por lo regular busca a chicas menores de 25 años. Aquí la pregunta es ¿por qué? Si la edad no le importa, ¿estaría con una mujer 20 años mayor que él?

Es obvio que puede haber jerarquías de poder y desigualdades en cualquier tipo de pareja, con independencia de la edad. El tema es que **una gran diferencia de edad incrementa las probabilidades de que se produzcan esas dinámicas**: momentos de vida diferentes, distinto grado de madurez y crecimiento personal, mayor número de experiencias vitales que te han curtido como persona: Por no hablar de que los hombres son los que acostumbran a ser mayores en una relación heterosexual, mientras que al revés no pasa.

DATO MATA RELATO 🔥

Y la gran pregunta es **¿por qué no vemos a mujeres mayores con hombres jóvenes?** Cuando Emmanuel Macron, presidente de Francia, de 45 años, presentó a su mujer en público, Brigitte Macron, de 70 años, generó un revuelo brutal en los medios de comunicación. Estuvieron meses hablando de este tema: «¿Cómo podía ser posible que un hombre escogiese a una mujer 25 años mayor que él?». Claro, que Donald Trump, de 77 años, estuviese con Melania Trump, de 53, no generó ningún tipo de escándalo.

LOS MATRIMONIOS CAEN UN 55 % EN LOS ÚLTIMOS 40 AÑOS

¿La gente se sigue casando? Esta pregunta me la he hecho muchas veces, y es curioso porque, aunque analice de forma crítica la institución matrimonial, siempre que voy a una boda me emociono.

Los datos son claros: en los últimos 40 años, **los matrimonios han caído un 55 %**. El declive empieza en 2008: hasta entonces, cada año se celebraban más de 210.000 bodas al año, pero en 2019 el número se reduce hasta 166.000. Aquí podríamos analizar muchas cosas: la tradición nos decía que nos teníamos que casar sí o sí, a poder ser antes de mantener relaciones sexuales. Es decir, no existía la opción de no casarse: si tenías pareja, era una obligación social pasar por el altar.

Y, en sí, **la institución matrimonial ha funcionado históricamente como una cárcel para las mujeres**: no existía el divorcio, había multitud de matrimonios de conveniencia y era el trámite burocrático que hacía que las mujeres pasásemos a ser propiedad de nuestros maridos, mientras que antes éramos propiedad de nuestros padres. Poco a poco se ha ido resignificando el acto de casarse. Con la aprobación del divorcio deja de tener sentido el mantra de «para toda la vida». Esto hace que la simbología también haya cambiado, y ahora mismo la mayoría de la gente se casa o para formalizar legalmente su situación (por si hay descendencia) o por la fiesta.

EL DATO QUE TE PETA LA CABEZA

Como no podía ser de otra manera, lo que no para de crecer es el número de divorcios: **en 1982 se divorciaron 20.000 parejas, y en 2019 la cifra ascendió hasta 90.000**. La ley del divorcio se aprobó en España en 1981, pero era bastante complicado conseguirlo por la cantidad de requisitos que pedían: haber pasado dos años después de la boda, que existiera una separación judicial y, lo más chungo, alegar una causa que lo motivara como infidelidad o adicciones al alcohol o a las drogas. El resultado: no se divorciaba ni Cristo porque era casi imposible.

Todo esto cambió en 2005, cuando Rodríguez Zapatero aprobó una ley que se llamó de «divorcio exprés», en la que se agilizaba todo el proceso y lo hacía mucho más barato.

Otro dato curioso es que, en 2019, **solo 1 de cada 10 bodas fueron por la Iglesia**. Otra evidencia más que nos confirma la secularización de la población española y el cambio de paradigma de la institución matrimonial.

EN 2023 HUBO 765 MILLONES DE MATRIMONIOS INFANTILES

Esta es la otra cara del matrimonio que no siempre tenemos en cuenta: **en el mundo existen más de 765 millones de matrimonios infantiles forzados**, según datos de UNICEF de 2023. Con este término se define la aberración que es cualquier unión, formal o informal, en la que una o ambas partes son menores de 18 años. Es decir, lo más habitual: eres una niña y te obligan a casarte con un señor.

Cada año se unen 12 millones de niñas y adolescentes a estas cifras, y afecta principalmente a mujeres. **Esto supone 23 niñas o adolescentes por cada minuto que pasa.** Según la asociación Girls Not Bride, los 5 países del mundo donde hay más matrimonios infantiles forzados son Níger, donde el 76 % de las niñas son obligadas a casarse antes de cumplir 18 años; República Centroafricana, en la que el matrimonio forzoso afecta al 68 % de las niñas; Chad, donde esa cifra es del 67 %; Bangladesh, con el 59 %, y Burkina Faso, con el 52 %.

Cuando damos cifras muchas veces no se entiende la gravedad del asunto y es muy fácil deshumanizarlo y abstraerse de la realidad: **afirmar que más de la mitad de las niñas de todo un país han sido obligadas a casarse por la fuerza es profundamente horrible.** Esto afecta más a las mujeres por una razón misógina, las niñas no representan el legado familiar y se utilizan como moneda de cambio para facilitar la unión con otras familias, mientras que los niños son más valiosos y se consideran ciudadanos de pleno derecho. Esto también explicaría los motivos económicos: muchos de estos matrimonios infantiles forzados se llevan a cabo a cambio de contraprestaciones de dinero. Y, claro, si esto se ha hecho de generación en generación, ¿cómo van a identificar que es una aberración?

EN EL TERRENO DE LAS IDEAS

Si queréis profundizar en este tema, RTVE hizo un documental que se llama *Obligadas a casarse*, donde se analizan las raíces y consecuencias de los matrimonios infantiles forzados. En el documental se explica el caso de **una niña española de 14 años que su padre intentó casar en Mali**, su país de origen. Esto generó la primera sentencia de la justicia española en contra del padre, que trató de casar a su hija a cambio de dinero.

44

FEMINICIDIOS Y AGRESIONES MACHISTAS

Exactamente, ¿qué es el **machismo**? ¿Por qué los asesinatos de mujeres se llaman **feminicidios**? ¿Y a qué nos referimos, en realidad, cuando hablamos de **patriarcado**?

Aunque todas tengamos estos tres conceptos muy interiorizados y formen parte de nuestro vocabulario, muchas veces siguen generando confusión y, lo peor, se siguen cuestionando o negando. Para combatir el machismo, la misoginia y el patriarcado es necesario entenderlos a la perfección: identificar sus estrategias, sus ámbitos de opresión, sus campos de actuación y el arraigo de estas ideas en nuestros marcos mentales.

Esto es importante porque la opresión hacia las mujeres no es algo abstracto que ocurre en el mundo de la teoría, sino que está sustentado por la ideología, unas instituciones, las raíces históricas y hechos concretos, y a aquellos que ejercen la opresión se les puede señalar de forma específica: los datos lo demuestran.

Hablar de violencia contra las mujeres requiere explicar estos conceptos, y en el capítulo haremos un repaso por **19 evidencias que demuestran la violencia que sufrimos las mujeres por el mero hecho de serlo**. Desmontaremos mitos, como el de las denuncias falsas, y cuantificaremos el impacto que tiene el machismo en nosotras.

968 FEMINICIDIOS EN MÉXICO EN 2022

En 2022, se registraron 968 feminicidios en México, representando la cúspide de este tipo de violencia machista en los últimos años, según datos del Secretariado Ejecutivo del Sistema Nacional de Seguridad Pública (SESNSP). Para que luego vengan sectores conservadores, machistas y la extrema derecha a decirnos que este tipo de violencia no existe.

Y cuidado porque Amnistía Internacional apunta que tan solo en 2020, se registraron 3.723 muertes violentas de mujeres en México, de las cuales 940 fueron investigadas como feminicidios. Para que el asesinato de una mujer sea clasificado como feminicidio, deben cumplirse los siguientes criterios: que exista una relación sentimental o afectiva entre el agresor y la víctima, y que haya habido violencia sexual o signos de violencia machista.

Pero, ¿qué son realmente los asesinatos machistas? Este crimen implica el asesinato de una mujer por parte de un hombre, por el hecho de ser mujer. Esto se debe a que la motivación que hay detrás es consecuencia de una estructura misógina: motivos sexuales, de dominación, de posesión, de celos.

Y los datos registrados son espeluznantes, pero estoy segura de que esto es una cifra negra y en realidad se producen muchísimos más que no quedan plasmados en estos recuentos. En la práctica, solo se contabilizan las mujeres que han sido asesinadas por sus parejas o exparejas. Es decir, si te asesina tu compañero de trabajo, tu vecino o tu ligue, no se entiende como un feminicidio.

Uno de los aspectos más importantes es humanizar estos datos, pues estamos acostumbradas a leer diariamente sobre asesinatos de mujeres, y una de las consecuencias es naturalizarlo, porque estamos tan bombardeadas con estas noticias que ya no nos llaman la atención. Y tenemos que revertir esto, detrás de cada cifra hay una historia, una mujer con nombre y apellidos, con sueños y ambiciones que fueron arrebatadas.

INDAGANDO QUE ES GERUNDIO

Existen 7 formas diferentes de referirse a este tipo de violencia, pero toda la que no sea violencia machista es problemática. Tanto «crimen pasional» como «crimen de honor», despolitizan el concepto borrando la dirección de la violencia, no recogen las especificidades de este tipo de asesinatos y, además, presentan elementos justificativos. Violencia doméstica o intrafamiliar también presentan problemas conceptuales, ya que nos llevan únicamente al ámbito de la pareja o expareja, invalidando otros contextos donde también se pueden producir asesinatos machistas.

SOLO EL 25 % DE LOS FEMINICIDIOS EN MÉXICO TENÍAN DENUNCIAS PREVIAS

En 2023, solo el 25 % de los feminicidios en México tenían denuncias previas por violencia de género, aun así, se produjo el asesinato, según datos del Observatorio Ciudadano Nacional del Feminicidio. Es decir, **3 de cada 4 asesinatos machistas no tenían denuncias previas por parte de la víctima**. Si analizamos estos datos por tipología de violencia machista, en el 91 % de los casos fuera del ámbito de la pareja no había denuncias previas, mientras que en los feminicidios en pareja o expareja este porcentaje es del 59 %.

Estos datos nos muestran un problema estructural, **¿por qué las mujeres no denuncian a sus maltratadores?** Cuando un caso se mediatiza, como le pasó a Rocío Carrasco, el primer argumento en contra de la víctima es que «no denunció a tiempo». ¿Cuántas veces hemos oído las frases «si sigue con él, es por algo» o «tan grave no será, porque no ha denunciado»?

En estas frases hay varios problemas, sobre todo **poner todo el foco en la víctima**. El nivel de gravedad de una situación no puede depender de la reacción de la víctima, no puede ser que todo el peso esté en ella. Esto genera una presión añadida innecesaria, se le responsabiliza de su situación y crea un escenario de culpa, vergüenza y miedo al juicio ajeno. A esto se le une **no entender cómo funcionan el maltrato y la violencia machista.** Aunque la cara más visible de una relación de maltrato es la violencia física, lo que más secuelas deja y más impacto tiene en nuestras acciones es la violencia psicológica. Juzgar a una mujer por no dejar a su maltratador es no entender el arraigo que tiene una relación de maltrato en nuestras mentes: se merma nuestra autoestima, nuestra capacidad de decidir y se alimenta un sentimiento de adicción, apego y necesidad.

INDAGANDO QUE ES GERUNDIO 👓

Otro problema: **la denuncia como escenario final**. Se nos presenta la denuncia como si fuese la solución a nuestros problemas o como si estos fuesen a desaparecer. Y dar estos mensajes es muy peligroso, porque luego los datos nos demuestran que en muchos casos el sistema judicial y policial falla. Y cuidado, su función no solo es «proteger a las víctimas». Dejemos de poner el foco en nosotras; su función también es evitar que los maltratadores agredan y asesinen.

SE HAN REGISTRADO MÁS DE 60 MIL LLAMADAS A LA LÍNEA MUJERES POR VIOLENCIA CONTRA LA MUJER

Línea Mujeres es un servicio telefónico de orientación, asesoría y acompañamiento para las mujeres que viven violencia en la Ciudad de México. Es atendido por psicólogas y abogadas que pueden canalizarlas a los servicios de la Secretaría de las Mujeres. De 2016 a 2020, se han registrado más de 60 mil llamadas a este servicio por violencia contra la mujer.

EL DATO QUE TE PETA LA CABEZA

Un incremento en las llamadas a estos servicios no significa necesariamente que aumente la violencia machista. Por ejemplo, en España el teléfono para atender a mujeres que sufren violencia machista es el 016. En marzo de 2021 se emitió el primer capítulo de un documental que narraba el caso de una mujer famosa (Rocío Carrasco) que explicaba su situación de maltrato machista. **Durante ese mes las llamadas a este teléfono se incrementaron un 42 %.** El hecho de escuchar un testimonio real y la difusión del 016 hizo que más mujeres se vieran reflejadas y tuvieran un recordatorio de que podían llamar a ese servicio. Esto demuestra la importancia de la comunicación y la sensibilización para poder detectar y prevenir la violencia machista.

Cada año se han visto incrementos en estas llamadas, en 2016 solo se registraron unas mil, mientras que en 2020 se produjeron más de 20 mil; y eso representa un incremento de prácticamente el 1.900 % desde su creación. Aunque *a priori* pensemos que el incremento de llamadas son malas noticias, creo que la lógica debería ser la contraria.

Siempre ha existido este tipo de violencia y estamos en pleno proceso de visibilización. Un aumento de llamadas no significa que haya más casos de violencia machista, y esta es una relación que muchísimos medios de comunicación hacen y es falsa. Lo que realmente representa es que se utiliza más este servicio, por lo tanto, se detecta más y se pide más ayuda.

Pasar de un escenario de silencio, donde no se verbalizaba el maltrato y quedaba relegado a la esfera privada, a comunicarlo y darle voz es un primer paso para acabar con esta lacra. Aunque parezca contraintuivo, que haya más llamadas son buenas noticias. Porque al final este número de teléfono nace para poder detectar e intervenir casos de violencia machista: ofreciendo apoyo, informando sobre organizaciones y servicios que atienden a víctimas y asesoramiento las 24 horas y los 365 días del año, remarcando la idea de que es totalmente confidencial. El teléfono es el 55 5658 1111, opción 3.

MÁS DE 111.889 MUJERES HAN SIDO REPORTADAS COMO DESAPARECIDAS EN MÉXICO

En México, una de las formas de violencia machista más graves es la desaparición de mujeres en el país, que ha alcanzado niveles alarmantes. Según datos del Registro Nacional de Personas Desaparecidas y No Localizadas (RNPDNO), **más de 111.889 mujeres han sido reportadas como desaparecidas en los últimos 58 años**. Lo fuerte es que el 82 % de todas estas desapariciones se producen desde 2007, cuando comenzó la guerra contra el narcotráfico.

Las jóvenes de entre 10 y 19 años representan el 55 % de las desapariciones, siendo el grupo de edad más vulnerable, aquí tendríamos que preguntarnos, ¿por qué? ¿Qué interés hay en secuestrar a niñas y adolescentes? A nivel geográfico se concentran mayormente en ocho estados: Puebla, Veracruz, Estado de México, Ciudad de México, Colima, Jalisco, Nuevo León y Guerrero.

La mayoría de expertos y expertas apuntan que las razones detrás de estas desapariciones varían, pero una gran parte está vinculada a **la violencia de género, la violencia familiar, la trata de personas y la influencia del crimen organizado**. Muchas veces las autoridades estigmatizan y criminalizan a las mujeres desaparecidas, dificultando la búsqueda y la obtención de justicia.

Además, la respuesta suele ser tardía, con dilaciones significativas en los procesos de búsqueda y la activación de protocolos como la Alerta Amber y el Protocolo Alba. Esta ineficiencia obliga a las familias a tomar medidas extremas, como bloquear carreteras, para presionar a las autoridades a actuar. Esto no debería ocurrir. Las autoridades deberían saber reaccionar a este problema y, qué mínimo, deberían poder evitarlo. **Porque no son casos aislados, es violencia estructural.**

DATO MATA RELATO 🔥

Por desgracia, no nos sorprende ver la falta de actuación, de interés, de recursos por parte de las instituciones que deberían ser las encargadas de protegernos. Dicho de otra forma: no hacen nada. Según el informe «Hallazgos 2021: Seguimiento y evaluación del sistema de justicia penal de 2021» elaborado por México Evalúa, el 78 % de los casos de desaparición cometida por particulares quedan impunes y en el 11 % se declara una incompetencia judicial flagrante. Se decide no seguir adelante con acciones penales o transferir los casos a otras instancias.

EN 26 PAÍSES DE AMÉRICA LATINA Y EL CARIBE SE REGISTRARON 4.050 FEMINICIDIOS EN 2022

El recuento de feminicidios es crucial para nuestra lucha, porque nos ayuda a visibilizar un problema, a cuantificarlo y, especialmente, a darnos cuenta de que esto es un patrón de conducta. **No son casos aislados**.

Vamos al tema, **en la mayoría de los países del mundo se hacen recuentos oficiales de feminicidios**, aunque es cierto que dependiendo del país se utilizan unos criterios u otros: en algunos solo se cuentan los asesinatos de mujeres cometidos por la pareja o expareja, en otros los criterios para que el crimen de una mujer cuente como feminicidio ha de cumplir unos requisitos muy estrictos (parece hecho adrede para que las cifras no sean muy elevadas) y, en otros, el recuento es más fiel a la realidad.

Según datos del Observatorio de Igualdad de Género de América Latina y el Caribe publicados en 2022, **en 26 países de América Latina y el Caribe se registraron 4.050 feminicidios en 2022**. Si miramos los datos absolutos, el país donde más se produjeron es Brasil, con 1.437 asesinatos machistas. Pero claro, es el país más poblado con diferencia. Así que para poder hacer un buen análisis hemos de observar los números relativos, es decir, el número de feminicidios por cada 100.000 habitantes.

De esta forma, **Honduras pasa a ser el país con más feminicidios con 6 mujeres asesinadas por cada 100.000 habitantes**, seguido de República Dominicana, El Salvador y Uruguay. Las tasas más bajas (menos de 1 víctima de feminicidio por cada 100.000 mujeres) serían en Puerto Rico, Perú, Costa Rica, Nicaragua, Chile y Cuba.

INDAGANDO QUE ES GERUNDIO

Compararnos con otros países nos puede ayudar a entender que este fenómeno es internacional y estructural. Hemos de tener en cuenta el peso poblacional de cada país, ya que no es lo mismo un país donde viven 214 millones de personas, como es el caso de Brasil, que uno donde viven 51 millones como Colombia.

En 2022 hubo 83 feminicidios en España, mientras que más de 100 en Alemania y en Italia, y más de 150 en Francia. Si miramos hacia Latinoamérica, las cifras son espeluznantes: 252 asesinatos machistas en Argentina; unos 1.000 en México, aunque si tenemos en cuenta todas las muertes de mujeres en este país serían más de 3.000. En Colombia la cifra oficial asciende a 614 y en Brasil serían 1.437 asesinatos machistas.

3 DE CADA 4 ASESINATOS MACHISTAS OCURREN EN DÍAS FESTIVOS O FINES DE SEMANA

Aunque la violencia machista ocurre en cualquier momento del día, de cualquier semana o cualquier mes, existen patrones de conducta superclaros que se ven cuando analizamos los datos. En 2022, **3 de cada 4 asesinatos machistas ocurrieron en días festivos o fines de semana** en España. En México ocurre absolutamente lo mismo, según la Secretaría de Seguridad y Protección Ciudadana sobre feminicidios, si bien no aportan datos concretos.

Existe unanimidad en el ámbito académico y analítico de que los meses de vacaciones, los festivos y los fines de semana suponen un factor de riesgo para las víctimas de violencia de género. En el libro *Afrontamiento de la violencia de género*, publicado por la Academia de Psicología de España, lo demuestran con un modelo econométrico y llegan a la siguiente conclusión: **los domingos están asociados a un mayor incremento del riesgo de asesinato machista, un 25 % más de probabilidades que los días entre semana**.

¿Pero por qué pasa esto? Si lo pensamos tiene sentido, tanto fines de semana como vacaciones son períodos en los que se rompe la rutina, la convivencia es muchísimo mayor, se incrementa la probabilidad de hacer planes u organizar viajes que hace que se puedan generar tensiones o discusiones por temas logísticos. Y al final no podemos perder el foco: un asesinato machista es la cúspide de toda una pirámide de maltratos y abusos. **Así que la culpa no es de las vacaciones o de los domingos, esto simplemente genera un contexto donde el maltratador pasa más tiempo con su víctima** (así que por estadística se incrementarán las probabilidades de que ejerza violencia).

EL DATO QUE TE PETA LA CABEZA

Otro dato aberrante: en Inglaterra, en el año 2021 las agresiones machistas aumentaron un 26 % cuando jugaba su selección de fútbol y se dispararon hasta el 36 % cuando su equipo perdía. **Estos son los datos que publicó el National Centre for Domestic Violence del Reino Unido**, sí en parte del mundo anglosajón se sigue utilizando el concepto «violencia doméstica». ¿La explicación? Hombres agresivos, alcoholizados y enfadados porque su equipo ha perdido. Y la culpa no es del alcohol o del fútbol, los únicos responsables son ellos.

EL 69 % DE LOS ASESINOS MACHISTAS EN ESPAÑA SON ESPAÑOLES

Me parece importante dejar este dato en la versión del libro mexicana para desmontar el bulo racista que corre por España, ya que cuando vamos a los datos se desdibuja el apocalipsis que nos presenta la extrema derecha.

Uno de los mantras de la extrema derecha en España es asegurar que los asesinos machistas son inmigrantes, diciendo que vienen de «culturas inferiores» y son bárbaros que matan a las mujeres. Como si estuviesen en posición de darnos lecciones sobre feminismo, llegan a la conclusión de que **para proteger a las mujeres hemos de limitar la inmigración.**

Entre 2003 y 2017 hubo 902 asesinatos machistas, **de los cuales 622 agresores (el 69 %) nacieron en España y 280 (el 31 %) en el extranjero.** Si nos centramos en la nacionalidad o situación administrativa, el 75,8 % de los agresores tenían nacionalidad española, el 14,2 % habían nacido en el extranjero y tenían la situación administrativa regularizada en España y solo el 4,2% se encontraban en situación administrativa irregular.

Cuando hablamos de «nacer en el extranjero» podríamos estar hablando de franceses, italianos o alemanes. Parece que cuando **la extrema derecha habla de inmigración sólo se imagina a africanos y latinoamericanos.** Además de que se inventan los datos, mienten sobre el origen de los agresores.

Lo que está claro es que **lo único que tienen en común todos los agresores machistas es que son hombres,** y eso no significa que todos los hombres sean unos agresores (ya basta del #notallmen).

DATO MATA RELATO 🔥

Uno de los datos curiosos, que no ocupan titulares, es la nacionalidad de las víctimas de asesinatos machistas: entre 2003 y 2017, casi un tercio de las víctimas (293 mujeres, el 32,2 %) habían nacido en el extranjero. Si cruzamos estos datos con el peso poblacional de cada grupo, es decir, en España viven muchísimas más mujeres españolas que extranjeras, vemos que la tasa de víctimas extranjeras es de 8,3 por cada millón de mujeres y de las españolas el 2,2. Conclusión: en proporción, las mujeres extranjeras sufren más feminicidios que las españolas.

EL 53 % DE LOS FEMINICIDIOS EN MÉXICO SON A MUJERES DE ENTRE 15 Y 34 AÑOS

Otro dato impactante cuando hablamos de feminicidios es fijarnos en **qué edad tenían las mujeres víctimas de este tipo de crímenes machistas**. La ONU Mujeres elaboró un informe muy extenso en 2020 llamado: «La violencia feminicida en México, aproximaciones y tendencias».

Allí vemos que el volumen de feminicidios por grupos de edad se concentra en mujeres jóvenes, pues **el 53 % de los feminicidios en México son a mujeres de entre 15 y 34 años**. Y no nos olvidemos de que gran parte de los feminicidios no se registran como tal.

Si ponemos la lupa vemos cómo las mujeres de 20 a 24 años representan el 15,3 % y las de 25 a 29 años el 14,9 %, siendo estos los grupos más numerosos. Además, representa un incremento de 4 puntos porcentuales en comparación con 20 años atrás. Es decir, **vemos un gran aumento de feminicidios en mujeres jóvenes.**

Pero, ¿qué está pasando con los jóvenes? ¿Por qué ocurre esto? Si hacemos un análisis global, sorprende mucho la oleada de machismo que vemos en la gente joven. Donde hay un repunte de misoginia que principalmente muestran a través de las redes sociales: actitudes en Twitter o vídeos virales en Tiktok con discursos profundamente misóginos.

En un mundo cada vez más feminista, podríamos pensar que los más jóvenes iban a representar esos avances. Y sí, hay gente joven supercomprometida e interesada en el feminismo, pero también vemos **la otra cara de la moneda**: adolescentes que están enfadados con el sistema, que no están dispuestos a perder sus privilegios y que canalizan su rebeldía mediante el odio hacia las mujeres. Sin duda, todo esto está muy relacionado con los datos que acabamos de ver.

INDAGANDO QUE ES GERUNDIO

Según el Instituto Nacional de Estadística y Geografía (INEGI), 7 de cada 10 mujeres mayores de 15 años en México han sido víctimas de violencia machista y uno de los ámbitos donde más crece es el digital. El machismo se adapta a los nuevos tiempos y tiene una gran capacidad para adentrarse entre los grupos más jóvenes y las redes sociales, donde cada vez vemos más gurús del machismo que tienen millones de seguidores y son aplaudidos y validados. Estamos en un momento en el que mostrarse como antifeminista en redes genera muchos *likes*.

200 MILLONES DE MUJERES Y NIÑAS HAN SUFRIDO MUTILACIÓN GENITAL

Hay realidades que desconocemos, porque ocurren a miles de kilómetros de donde estamos y, básicamente, vivimos en una burbuja en la que ni existen. **Hablar de feminismo con una mirada global implica hablar de ablación o mutilación genital femenina.**

En 2022, **UNICEF estimó que 200 millones de mujeres y niñas han sufrido mutilación genital femenina**, la gran mayoría antes de los 15 años. También se calcula que se sigue practicando en 31 países del mundo, de tres continentes diferentes. Por ejemplo, en Guinea o Somalia, más del 90 % de las niñas y mujeres de entre 15 y 49 años han sufrido algún tipo de ablación genital.

INDAGANDO QUE ES GERUNDIO

Aunque los datos son aberrantes, organizaciones como UNICEF llevan años trabajando para erradicarlo. Y esto ha empezado a dar sus frutos: **en 2023 las probabilidades de que mujeres y niñas sufran mutilación genital femenina se han reducido una tercera parte,** en comparación con los datos de hace 30 años. Pero no·hay que bajar la guardia, porque 1 de cada 3 niñas en el mundo nacerá en alguno de los 31 países donde se practica la ablación y eso implica que están en riesgo de sufrirla.

A nadie se le escapa que esto es una **clara vulneración de los derechos humanos**, que genera unos daños físicos y psicológicos brutales y que afecta a nuestra salud sexual. Aun así, sigue siendo una realidad para millones de mujeres y niñas en pleno siglo XXI.

Veámoslo con más detalle, **¿qué es la mutilación genital femenina o ablación?** Se trata de la extirpación en los genitales de las mujeres, ya sea parcial o total. La OMS distingue hasta tres tipos: eliminar el clítoris (clitoridectomía), eliminar el clítoris y los labios menores (excisión), y eliminar el clítoris y los labios menores más realizar un estrechamiento de la abertura vaginal y coser la vagina (infibulación).

¿Cómo es posible que se siga practicando tal aberración? Lo que hay detrás de esto es la inercia de seguir una tradición que pretende preservar la virginidad de las mujeres y su castidad, el inicio de un ritual iniciático en las comunidades o argumentos varios como que es «más limpio» o «más estético». La realidad es que se está mutilando a las mujeres e implica un gran riesgo para su salud: a nivel físico conlleva hemorragias, infecciones o dolores intensos; y, a nivel psicológico, depresión, ansiedad, odio hacia el propio cuerpo o la sexualidad.

14 DE LOS 25 PAÍSES CON MÁS FEMINICIDIOS DEL MUNDO ESTÁN EN LATINOAMÉRICA

La alarmante estadística de que 14 de los 25 países con más feminicidios en el mundo están en Latinoamérica refleja profundas raíces culturales y socioeconómicas que perpetúan la violencia de género en la región. Este dato se extrae del Observatorio de Igualdad de Género de la CEPAL del año 2019, donde reúnen las cifras de feminicidios de cada país y hacen un análisis conjunto a nivel mundial.

¿Qué podemos analizar de esto? La violencia machista está arraigada en tradiciones patriarcales que venimos arrastrando desde hace siglos. Básicamente esto considera a las mujeres como «seres inferiores» y subordinadas a los hombres, justificando el control y la agresión como mecanismos de poder y dominación.

En muchas culturas latinoamericanas, los roles de género tradicionales siguen siendo predominantes, donde la masculinidad se asocia con la agresividad y la autoridad y la feminidad con la sumisión y la obediencia. Esta dinámica no solo normaliza la violencia contra las mujeres, sino que también la invisibiliza y dificulta su denuncia y prevención. La falta de educación y sensibilización sobre la igualdad de género y los derechos de las mujeres contribuye a perpetuar estas actitudes machistas.

Además, los altos niveles de pobreza económica y la escalada violencia generalizada en muchas regiones de América Latina agravan la situación. La pobreza extrema y la falta de oportunidades económicas crean un entorno de desesperación y estrés, donde la violencia puede aumentar. Esto no es una justificación, simplemente es explicar el fenómeno.

EL DATO QUE TE PETA LA CABEZA

Si lo analizamos bien, en contextos de alta criminalidad y violencia generalizada, las instituciones judiciales y policiales a menudo son ineficaces o corruptas. Todo esto genera una impunidad casi total para los agresores machistas. La combinación de pobreza, desigualdad y un sistema de justicia débil crea un círculo vicioso donde la violencia de género se perpetúa sin consecuencias. Este entorno facilita la repetición de patrones de abuso y dificulta la protección efectiva de las víctimas, haciendo que la violencia contra las mujeres se mantenga y, en muchos casos, se incremente.

300.000 CASOS DE VIOLENCIA FÍSICA CONTRA LAS MUJERES EN MÉXICO EN 2022

Cuando hablamos de violencia machista no solo hablamos de feminicidios, estos representan la forma más brutal de este tipo de violencia y serían la cúspide de la pirámide. **Pero la pirámide está formada por otros tipos de violencia: física, psicológica, económica, sexual, laboral...** Cuando hablamos de violencia machista en su totalidad, hemos de englobar todas estas formas, porque si no estamos ofreciendo una imagen sesgada del fenómeno.

Los datos sobre la violencia machista en México son alarmantes y muestran una problemática grave y persistente. Según datos del Secretariado Ejecutivo del Sistema Nacional de Seguridad Pública (SESNSP), en 2022 **se reportaron más de 300.000 casos de violencia física contra mujeres**, enmarcada dentro de lo que llamaríamos agresiones machistas.

También se reportaron **más de 50.000 denuncias por delitos sexuales**, donde se incluyen violaciones, abusos y acoso sexual (pero más adelante ya tendremos un capítulo para hablar de esto). Por último, tendríamos la violencia psicológica, que es la más difícil de cuantificar de todas, pero a su vez la más normalizada y cotidiana.

Si ponemos el foco en el número de mujeres que se reconocen como víctimas de violencia machista, la Encuesta Nacional sobre la Dinámica de las Relaciones en los Hogares (ENDIREH) reveló que el 66,1 % de las mujeres mayores de 15 años han experimentado al menos un incidente de violencia a lo largo de su vida. Esto se traduce en cerca de 30 millones de mujeres.

EL DATO QUE TE PETA LA CABEZA

Vale, ya conocemos los datos, ¿y ahora qué hacemos? Sabemos que la violencia machista en México es un problema extendido y estructural. Y no solo en México, esto es algo global con millones de mujeres afectadas por diversas formas de violencia. Estos datos reflejan la necesidad urgente de fortalecer las políticas públicas, mejorar el acceso a la justicia, y la respuesta tanto judicial, policial y política. Exijamos una respuesta digna y una solución a los problemas.

MÁS DE 20.000 MUJERES OBLIGADAS A VIVIR EN REFUGIOS POR LA VIOLENCIA MACHISTA EN MÉXICO

La Red Nacional de Refugios (RNR) de México cada año incrementa el número de personas atendidas, en 2022 se registró un 15 % más que en el mismo periodo del año pasado, **otorgando refugio a más de 20.000 mujeres, niños y niñas.**

La RNR también reportó un incremento del 16 % en las llamadas de auxilio, esto significa que cada hora hay una mujer llamando a este número de teléfono. El 4 % de las víctimas que pidieron ayuda habían experimentado intentos de feminicidio, con la mayoría de las llamadas provenientes de varios estados como el Estado de México y la Ciudad de México. Estos datos son escalofriantes, y no podemos normalizarlos ni pasarlos por alto.

Los refugios han enfrentado desafíos financieros debido al retraso en la entrega del presupuesto federal, con muchos trabajadores laborando sin sueldo. A pesar de que el Gobierno asegura haber liberado el 100 % de la primera parte de los fondos asignados, algunos refugios aún no han recibido el dinero necesario para su operación. Como siempre las instituciones llegando tarde, mal y mintiendo por el camino.

Y claro, yo aquí me pregunto, **¿por qué nos tenemos que refugiar nosotras?** Nos hemos acostumbrado a que nos responsabilicen y culpabilicen por la violencia que sufrimos: «No vistas así», «ibas provocando», «no salgas de casa por la noche». Encima de que somos nosotras las que sufrimos violencia, nos obligan a callarnos, censurarnos y limitar nuestros movimientos. ¿Por qué no los apartamos a ellos? ¿Por qué no los refugiamos a ellos? Ya que realmente ellos son el peligro para la sociedad. Y no nosotras.

DATO MATA RELATO 🔥

Los refugios para mujeres maltratadas denunciaron el retraso en la entrega del dinero presupuestado para 2022. «Se está poniendo en riesgo la seguridad de las víctimas y su atención en los centros de acogida», afirmó Wendy Figueroa, directora de la Red Nacional de Refugios. Es decir, nos obligan a refugiarnos a nosotras, y encima el Estado no sabe dar una respuesta adecuada y a tiempo a la problemática. Es muy necesario que las instituciones tomen conciencia de su importancia, y de que gestos como estos pueden salvar vidas.

7 DE CADA 10 MUJERES HAN SIDO VÍCTIMAS DE VIOLENCIA MACHISTA EN MÉXICO

En México, **la violencia contra las mujeres no para de crecer a ritmo vertiginoso.** Más de 50 millones de mujeres y niñas mayores de 15 años han vivido algún tipo de maltrato en su vida, según el Instituto Nacional de Estadística y Geografía (INEGI). Y es importante no banalizar esto, estamos hablando de 50 millones de mujeres y niñas. Muchas veces caemos en deshumanizar los datos, pero detrás de estos números hay personas.

Esto significa que **más del 70 % de las mujeres en el país han sufrido violencia**, y la cifra ha aumentado cuatro puntos desde 2016. Además de los feminicidios, **que cada día dejan más de 11 mujeres asesinadas en México**, la violencia psicológica es la más común, afectando al 51,6 % de las mujeres, seguida por la violencia sexual con el 49,7 %, la violencia física con el 34,7 % y la económica con el 27,4 %. Estos datos son de la Encuesta Nacional sobre la Dinámica de las Relaciones en los Hogares (ENDIREH) 2021.

La violencia sexual es la que más ha aumentado, subiendo 8,4 puntos porcentuales. Pero aquí volvemos a lo mismo, que suban los indicadores no implica que haya más violencia que antes. Aquí simplemente podemos estar delante de un incremento en las denuncias. Aunque según los datos registrados, la mitad de las mujeres y niñas mayores de 15 años han sufrido violencia sexual. Además, **al menos el 41 % de las mujeres encuestadas fueron víctimas de agresiones sexuales en la infancia**, principalmente por parte de tíos y primos.

INDAGANDO QUE ES GERUNDIO

Una de las encuestas más completas fue Que Se Sepa, lanzada en 2019 por Devermut y con Hache, Leire y yo misma como analistas de datos. Respondieron más de 1.200.000 mujeres de todo el mundo, un poco más de la mitad eran españolas, pero todas las demás de Latinoamérica. Lo más novedoso fue el planteamiento y la cantidad de preguntas que había. ¿Cómo le preguntarías a una mujer si ha sufrido una agresión sexual? Esta fue la gran pregunta que nos hicimos al redactar el cuestionario. ¡Os animo a que miréis el cuestionario y el informe del QSS!

EL 73 % DE LAS MUJERES EN MÉXICO SIENTEN MIEDO DE ESTAR EN LA CALLE

¿Alguna vez has sentido miedo en la calle? ¿Caminando de noche para volver a tu casa? ¿En un callejón apartado y solitario? ¿Has enviado mensajes a tus amigas o las has llamado para calmar los nervios y el miedo? Pues no estás sola, esto le pasa al 73 % de las mujeres en México, según una encuesta del Instituto Nacional de Estadística y Geografía (INEGI), en 2021.

Tocamientos, persecuciones y comentarios obscenos, los mal llamados «piropos», son algunas de las experiencias que sufrimos las mujeres cuando vamos solas, y especialmente de noche. Pero no solo de noche, también en plena luz del día ocurre este tipo de violencia. Y que quede claro, que un desconocido te llame «guapa» en plena calle o te silbe no es porque quiera ligar contigo. Está marcando territorio, te está queriendo intimidar y demostrar que la calle es suya y que puede hacer lo que quiera. Esto no va de ligar, esto va de poder.

Sufrir este tipo de cosas es lo más habitual, y no debería ser normal. Porque nos hemos acostumbrado a vivir con miedo en el cuerpo y no es justo. Hace años se hizo viral un vídeo por internet donde entrevistaban a hombres y mujeres: a los hombres se les preguntaba qué harían en un mundo sin mujeres; y a las mujeres, **qué harían en un mundo sin hombres**. Lo más llamativo es que la mayoría de las mujeres respondían «ir solas por la calle tranquilas». ¿Cómo es posible que hayamos normalizado vivir con miedo?

Esto es digno de analizar, porque a mí me gustan las mujeres y no las voy increpando o intimidando por la calle. Y estoy segura de que las mujeres heteros tampoco lo hacen con los hombres. Y lo más inquietante es que a medida que he ido cumpliendo años, recibo menos agresiones por la calle: **la cantidad de veces que escuché un «guapa» no deseado por la calle con 17 años era mucho mayor que ahora con 30 años**. Como decíamos antes, esto va de poder y no de ligar.

EL DATO QUE TE PETA LA CABEZA

En Ciudad de México hay colocados más de 11 mil botones de auxilio en postes con cámaras de videovigilancia repartidos por toda la ciudad. Si alguien está en peligro puede pulsar el botón y esperar a que alguien responda. El Centro de Comando, Control, Cómputo, Comunicaciones y Contacto Ciudadano (C5) ha informado que se activan una media de 751 veces al día. Los motivos más comunes: violencia machista, robos o atención médica.

EL 77 % DE LOS ACOSADORES CALLEJEROS VAN EN GRUPO

Seguro que os habéis dado cuenta de esto: vosotras estáis solas por la calle y veis a lo lejos a un grupo de hombres, tenéis que pasar por delante sí o sí, y automáticamente se os activan los sensores de alerta. La probabilidad de recibir algún comentario, tocamiento o que se genere una situación violenta es alta. Y es que el factor grupo es fundamental: **en el 77 % de los casos de acoso callejero, los agresores van en grupo**.

Así lo demuestra el estudio *Inseguras en las calles: experiencias de acoso en grupo en niñas y mujeres jóvenes*, realizado por Plan Internacional en 2019. Silbidos, pitidos con el coche, fotos o vídeos sin consentimiento en el transporte público o en la playa, tíos masturbándose en plena calle, que te sigan o te miren de forma insistente. **Es que, cuando pensamos en ejemplos concretos, es muy llamativo cómo se nos desbloquean recuerdos**. ¿Alguna vez os ha pasado que os corten el paso en medio de la calle? Que, de repente, un tío se ponga en medio de tu camino con actitud desafiante. Pues todo esto forma parte del acoso callejero.

¿Por qué lo hacen mayoritariamente en grupo? Si lo analizamos bien, hay aspectos de la masculinidad tóxica que se potencian cuando los hombres están en grupo. Es como si se fueran retroalimentando ciertas actitudes, para demostrar quién es el líder. Lo vemos en grupos de WhatsApp y también por la calle. En el grupo también se diluye la responsabilidad individual. Es posible que si ese chico estuviese solo no te diría «guapa» por la calle, pero al estar con sus amigotes necesita demostrar su poder y dominación. Ese «guapa» realmente no te lo dice a ti, va dirigido a sus amigos para afianzar su estatus social.

EL DATO QUE TE PETA LA CABEZA

¿Cómo reaccionas cuando vas por la calle y ves a un hombre increpando a una mujer? **En el 75 % de los casos de acoso callejero con testigos, nadie hizo absolutamente nada.** Y aquí todas y todos tenemos una responsabilidad y un papel clave: no podemos desatender estas cosas y pasar de largo. Obviamente, hay que escoger las batallas en las que entramos: no siempre podremos ser la Superwoman que entra en acción y detiene al malvado. Pero hay muchas formas de intervenir que no tienen por qué ser actos heroicos; por ejemplo, se puede llamar a la policía o pedir ayuda a otras personas e intervenir en grupo.

MENOS DEL 40 % DE VÍCTIMAS DE VIOLENCIA MACHISTA BUSCAN AYUDA

Pedir ayuda es algo complicado: ojalá hubiésemos recibido educación emocional en el colegio, pero la mayoría de nosotras no tuvimos esa suerte. Y la realidad es que nadie nos ha enseñado a pedir ayuda. En muchos casos, no sabemos ni identificar que necesitamos ayuda. Tampoco nos han enseñado a dejarnos cuidar o priorizarnos; al revés, nosotras hemos de ayudar y cuidar. Pero ¿quién nos ayuda y cuida a nosotras?

Según la base de datos The World's Women de Naciones Unidas, en 2020, menos del 40 % de las víctimas de cualquier tipo de violencia machista buscan ayuda. Y, respecto a **las que sí piden ayuda, la mayoría recurre a familiares y amistades**. El porcentaje de mujeres que acuden a la policía es ínfimo, menos del 10 %.

Para analizar esto hay tres conceptos clave: **la negación, la culpa y la desconfianza**. Cuando estamos dentro de una espiral de maltrato, lo más frecuente es entrar en una fase de negación: para protegernos reaccionamos restándole importancia a lo que nos ha pasado, desde un comentario repugnante de tu jefe hasta los insultos de tu novio. Siempre encontramos una forma de infravalorar lo que nos ha sucedido.

Cuando aceptamos lo que nos ocurre, automáticamente aparece la culpa. Da igual lo que sea, una vocecita en nuestra mente nos hará creer que era culpa nuestra o que «nos lo hemos buscado». Chicas, **que esto nos pase a todas no es algo casual**. Y, claro, pedir ayuda cuando no identificas qué ocurre, y cuando encima te sientes culpable, no es fácil. Además, para hacerlo es necesario confiar en la otra parte. ¿Os resulta extraño que las víctimas no pidan ayuda a las instituciones?

Cuando hablamos de denuncias por violencia machista, entre 2007 y 2018 en España, **el 72 % de denuncias son interpuestas por la propia víctima**, el 25 % por la policía directamente, el 1 % por familiares y el 1 % por terceros. Estos datos reflejan los circuitos de denuncias: la policía aconseja que sea la propia víctima la que denuncie.

EN EL TERRENO DE LAS IDEAS

Estas asociaciones ayudan a **víctimas de violencia machista**: Asociación de Mujeres Juristas Themis, Asociación MUM, Federación Nacional de Asociaciones de Mujeres Separadas y Divorciadas, Asociación Clara Campoamor, Fundación ANAR… En España existen muchas y varias están especializadas en temas concretos. Querría resaltar el trabajo de SARA (Servei d'Atenció, Recuperació i Acollida), en Barcelona, donde acogen a víctimas, y que han pasado de tener 23 trabajadoras a 47 y, **en 2021, atendieron a casi 2.000 personas**.

PARA EL 20% DE LOS JÓVENES, GOLPEAR A SU PAREJA NO ES VIOLENCIA MACHISTA

¿Cómo vamos a erradicar el machismo si no sabemos identificarlo? En cualquier lucha hace falta mucha pedagogía, y en el feminismo no iba a ser menos. Nadie nace feminista y, encima, estamos en un contexto donde hemos de combatir todos los bulos y mentiras de sectores machistas. Yo entiendo que hay cosas que son difíciles de identificar, ya sean dinámicas o roles que tenemos muy interiorizados y que cuesta horrores desaprenderlos. **Pero leer que el 20% de los jóvenes no considera violencia machista golpear, insultar o controlar a su pareja es un apaga y vámonos.** Y no, este dato no es de hace 30 años, sino del 2022, recogido en el III Macroestudio de Violencia de Género-Tolerancia Cero.

Para el 21% de los chicos españoles de 18 a 21 años, golpear a su pareja no es violencia machista (frente al 11% de las chicas); insultar tampoco lo es para el 22% de chicos (frente al 10% de ellas). Lo fuerte es que, en otras franjas de edad, los datos no son menos dramáticos.

Que un acto tan visible y tangible como la violencia física no se identifique como lo que es, un acto de violencia y maltrato, es algo bastante grave. **Y aquí no existen debates posibles, no hay cabida para interpretaciones o discusiones filosóficas.** Hemos comentado ya el machismo que hay en la esfera online, en redes y en general en la cultura, que ya es bastante malo, pero que la gente joven, que es precisamente la que debería superar esto, vea «normal» pegar a su pareja es muy preocupante. Es urgente la necesidad de incorporar la educación feminista en las escuelas, porque esta es la generación del futuro y no podemos seguir arrastrando la lacra del machismo.

INDAGANDO QUE ES GERUNDIO

La policía clasifica los casos de violencia machista en diferentes escalas: **cuando aparece el primer golpe en la pareja, automáticamente el riesgo de sufrir una relación de maltrato crónica se dispara**. Aunque se le reste importancia y «solo haya ocurrido una vez». Esta es una de las conclusiones del informe *Valoración policial del riesgo de violencia contra la mujer en España*, hecho por el Ministerio de Interior en 2018.

EL 80 % DE CHICAS ENTRE 16 Y 24 AÑOS HA SUFRIDO ACOSO EN REDES SOCIALES

Una de las características del machismo es su capacidad de adaptación: lo pongas en el terreno que lo pongas, sabrá cómo cambiar de forma para ajustarse a las nuevas reglas. Y así lo demuestran los datos: **el 80 % de chicas entre 16 y 24 años ha sufrido acoso en las redes sociales**, como indica el estudio *Mujeres jóvenes y acoso en redes sociales*, elaborado por el Instituto de las Mujeres el año 2022.

El 66 % del acoso que reciben es de carácter afectivo-sexual, como comentarios o fotos sexualmente explícitos, insultos en público ante un rechazo o ruptura, mensajes insistentes buscando quedar o intimar; el otro 34 % del acoso se clasifica como *ciberbullying*, insultos, amenazas o difusión de contenido falso o personal.

Cuando se les pregunta a las chicas que han sufrido algún tipo de acoso en las redes, vemos que indican que **el 58 % de los acosadores eran personas desconocidas**; en el 56 % de los casos eran solo hombres o grupos de hombres, en el 21 % se trataba de grupos mixtos y en el 12 % mujeres o grupos de mujeres. Además, Instagram es la red social donde más se producen estas situaciones, con el 80 % de los casos, seguida de WhatsApp con el 49 %.

¿Por qué en las redes sociales todo se magnifica? Llevo años haciéndome esta pregunta. Está claro que Instagram, TikTok o X han revolucionado nuestra forma de comunicarnos, informarnos y relacionarnos. Ahora todo es más intenso, inmediato e inevitablemente virtual, y muchas veces esto se traduce en un proceso de deshumanización. Como no nos vemos el rostro y solo tenemos delante una pantalla, nos atrevemos a hacer y decir lo que cara a cara no haríamos o diríamos. Esto no significa que el problema sean las redes sociales: **en un mundo feminista, esto no pasaría, así que la culpa no es de Instagram**.

EL DATO QUE TE PETA LA CABEZA

Esto no es una tontería, **las consecuencias de sufrir acoso en las redes sociales pueden afectarnos de lleno en nuestra salud mental.** En el estudio, que es muy completo y aporta muchísimos datos, indagan en las consecuencias de las chicas que afirman haber sufrido acoso en las redes: el 38 % dice que se sintió deprimida, con ansiedad o paranoia, o desarrolló trastornos de la conducta alimentaria; el 24 % bajó su rendimiento en clase o en el trabajo, y el 12 % tuvo pensamientos o ideas suicidas.

6 DE CADA 10 NIÑAS HABLAN CON DESCONOCIDOS EN INTERNET

Siempre se nos ha dicho que no hablemos con desconocidos. Es la típica frase que todas hemos escuchado de pequeñas y que nos advertía de un peligro externo que no acabábamos de entender. Pues, como hemos dicho antes, en las redes sociales todo se magnifica. En 2023, casi el 90 % de los menores de 10 años tiene acceso a internet y 1 de cada 4 tiene un móvil propio, según cifras del INE. Como era de esperar, en adolescentes estos datos rozan el cien por cien.

Con diferencia, este es el colectivo más vulnerable en las redes sociales y eso se hace palpable cuando vemos que 6 de cada 10 niñas y niños hablan con desconocidos por internet. Cuando advertimos de los peligros en las redes, automáticamente aparece el concepto de *grooming*.

¿Y qué es el *grooming*? Es un tipo de acoso muy concreto que consiste en que las personas adultas se aprovechan de menores de edad por medio de internet. Existen mil variantes: hombres adultos haciéndose pasar por menores de edad, o mintiendo sobre su edad para acercarse más a la del menor. La idea es conseguir entrar en contacto y ganarse su confianza, con el objetivo de controlarlos emocionalmente y, en la mayoría de los casos, terminar con chantajes de contenido sexual. Y va más allá, el acosador intenta aislar poco a poco al menor, haciendo que se aleje de su familia o amistades, a base de secretismos y forzando una intimidad. Al final es como una telaraña, el menor de edad se encuentra atrapado en las redes del maltratador.

DATO MATA RELATO 🔥

¿Qué se puede hacer en un caso de *grooming*? Este tipo de acoso ha crecido en un 410 % en los últimos 6 años, según estudios de la Fundación ANAR de 2021. **Esta fundación está especializada en ayudar a menores en riesgo, ya sea por temas de acoso, salud mental o cualquier tipo de violencia.** También atienden y asesoran en casos de *grooming* y las instrucciones que dan son claras: lo más importante es acompañar a la víctima sin culpabilizarla. Es muy fácil soltar el chascarrillo de «por qué has hablado con un desconocido»; sin embargo, aunque esta frase nos salga sola, se trata de un peso más para la víctima. Es crucial que el menor se abra y explique todo lo que ha ocurrido, porque así podrá exponer al maltratador. Una vez que una persona adulta lo sepa, lo que se ha de hacer es interponer una denuncia.

3

REPRESENTACIÓN

En términos de representación, podríamos pensar que se ha mejorado muchísimo: las mujeres vamos tomando cada vez más protagonismo en espacios históricamente monopolizados por hombres. Esto es muy importante, porque lo que no se ve no existe. Y, si nunca hemos visto a una mujer astronauta o presidenta del gobierno, ¿cómo van a soñar las niñas con serlo?

Este capítulo mostrará que la representación de la mujer sigue siendo escasa en muchos ámbitos: en el deporte, en la política, en las cúpulas de las empresas, en la ciencia, en la ficción o en los festivales de música. Aún nos queda mucho camino por recorrer. Y que quede claro: **que nos representen es una demanda crucial para el feminismo**, pero no nos podemos quedar ahí. Es clave analizar la calidad y la cantidad de esa representación. No vale con decir que hemos llegado hasta aquí, sino que debemos preguntarnos: ¿en qué condiciones materiales estamos? ¿Son las mismas para hombres y mujeres? En este capítulo analizaremos **17 datos que muestran la desigualdad que sufrimos en ámbitos tan distintos como la música, el cine o la política**: cuántas artistas cabeza de festival hay en España, cuántas políticas están en activo o cómo son los diálogos entre mujeres en las películas de Hollywood.

SOLO EL 33 % DE LOS PERSONAJES DE DIBUJOS ANIMADOS SON CHICAS

Pensad en dibujos animados como *Doraemon*, *Shin Chan*, *Sakura Diaries*, *Naruto*, *Evangelion* o *Dragon Ball Z*. Hay un patrón que se repite muchísimo en la gran mayoría de contenido que veíamos en nuestra infancia: tenemos a un chico protagonista un poco pusilánime, al empollón, al malote y a la chica. **Los chicos se nos presentaban con un abanico diverso de personalidades, mientras que en nosotras solo existía un arquetipo posible.**

La representación de la mujer era muy escasa y encima nos representaban mal, nos muestran **haciendo alarde de todos los estereotipos sexistas habidos y por haber.** Todo esto se vio plasmado en un estudio maravilloso de la Universidad de Granada.

En 2015, investigadoras de esa institución analizaron 163 series de dibujos animados, tanto españolas como extranjeras, y a más de 600 personajes. De todos ellos, **solo el 33 % eran mujeres, es decir, 1 chica por cada 2 chicos.** Aquí se confirma la hipótesis de que nos representan poco. Y, claro, cuando analizamos a estas mujeres, las conclusiones son bastante llamativas.

La mayoría de las chicas que se muestran suelen ser consumistas, superficiales, celosas, obsesionadas con el aspecto físico, profundamente delgadas y con una personalidad histriónica. Además, **siempre son el complemento del protagonista:** sus madres, hermanas, profesoras, novias. No tienen tramas propias, sino que su existencia solo se explica para complementar las aventuras del protagonista, que casi siempre es un hombre.

Este es un problema mayor del que pueda parecer: si no tenemos modelos con los que crecer, acabaremos siempre repitiendo los mismos esquemas. El cambio empieza por algo tan sencillo como unos dibujos animados.

EL DATO QUE TE PETA LA CABEZA

¡Oh, sorpresa! **Menos del 10 % de las series de dibujos animados están dirigidas por mujeres.** Aquí se explica en gran parte por qué estamos tan poco representadas en las series y por qué se nos muestra de esta forma. Y esto es muy importante, pues al final las series que vemos nos marcan muchísimo. Y, aunque no seamos conscientes, aunque no sean personas «de verdad» sino dibujos, acaban perpetuando un estereotipo y afianzando una idea de mujer profundamente sexista.

SOLO EL 29% DE LAS ACTRICES DE MÁS DE 40 AÑOS CONSIGUE PAPELES

¿Dónde están las mujeres mayores en la pantalla? ¿Cuándo una mujer es considerada «mayor» para la industria cinematográfica? Y la gran pregunta: **si no contratan a mujeres mayores en el cine, ¿quiénes hacen de madres o abuelas?**

Hace años que se denuncia la falta de representación de las mujeres en el cine. En 2021, **el 62% de los personajes principales en el cine mundial eran hombres frente al 38% de mujeres**. ¡Os recuerdo que las mujeres somos la mitad de la humanidad!

Del total de mujeres en el cine, **el 34% de papeles van para mujeres menores de 30 años, el 36% para las de 30 a 39 años y el 29% para mayores de 40 años**. En los hombres es al revés: el 17% de los papeles son para menores de 30 años, el 30% para hombres de 20 a 39 años y el 53% para hombres de más de 40 años. ¡El cine nos quiere jóvenes y a ellos mayores!

Por no hablar de la diferencia de edad entre parejas heterosexuales. Ellos tienen 60 años y les ponen parejas de 30, como en *La emboscada*, donde Sean Connery tenía 68 años y Catherine Zeta-Jones, 39. Ya no es solo que no se contrate a mujeres mayores, es que no existen esos papeles porque se los dan a mujeres jóvenes.

Pero este problema también lo tienen las actrices jóvenes. Así nos encontramos a treintañeras caracterizadas como si tuviesen 50 años. ¿Tanto cuesta contratar a una actriz de la edad de su papel? Hay un fenómeno del que no se habla mucho y es la diferencia de edad entre madres e hijos, porque, claro, cuando has de poner a una mujer mayor en pantalla, la probabilidad de que su papel sea la madre o abuela del protagonista es muy alta.

En la película *Alejandro Magno*, Angelina Jolie hacía de madre de Colin Farrell. **Ella tenía 29 años y él 28; es decir, se llevaban un año de diferencia.** Otro caso significativo es el de Sally Field y Tom Hanks, que hacían de pareja en la peli *La última carcajada*: cinco años después de hacer esa película, ella representaba el papel de madre de él en *Forrest Gump*.

EN EL TERRENO DE LAS IDEAS

Hay un artículo supercompleto que se llama **«Mujeres mayores en el cine. Una evaluación de los proyectos fílmicos»,** publicado por la *Revista de Evaluación de Programas y Políticas Públicas* en 2015. En él se analizan 63 películas con una mirada feminista, y se llega a la conclusión de que hay muy pocas películas donde la protagonista sea una mujer mayor. Y, cuando las mujeres mayores son representadas, ocupan un rol tradicional sexista o se tratan en negativo: la suegra insoportable, las brujas, las mujeres perversas o desquiciadas.

EL DECLIVE DE LAS ACTRICES EMPIEZA A LOS 30 AÑOS, EL DE LOS ACTORES A LOS 46

¿Alguna vez os habéis preguntado por qué parece que hay actrices que, de repente, desaparecen de la pantalla? No es fácil ser mujer en Hollywood, sobre todo porque, cuando llegas a una determinada edad, la industria considera que se te ha pasado el arroz. Según un estudio de la revista *Time*, **los hombres alcanzan su punto más álgido como actores con 46 años, mientras que las mujeres lo hacen a los 30.** Eso significa que, pasada esa edad, es mucho más difícil conseguir papeles y oportunidades en el mundo de la interpretación. Otro techo más de cristal para nosotras, como si no tuviésemos suficientes ya.

La revista *Time* **analizó las carreras de 6.000 actores y actrices entre 1980 y 2015** y plasmó los resultados de su estudio en un artículo de lo más revelador. Mientras que al principio de nuestras carreras nosotras tenemos muchísimos más papeles, los roles se invierten por completo para los hombres. Entre los 18 y los 30 años, la mujer le encanta a la industria. Una vez pasada esa edad empieza nuestro declive. En los hombres esto no pasa, su trayectoria es más estable y tiene forma de campana de Gauss: entre los 35 y los 60 años se mantienen en la cima.

Todo esto demuestra la infrarrepresentación de las mujeres mayores en el cine. Parece ser que si no somos jóvenes y guapas ya no seremos dignas de salir en pantalla. Y esta tendencia pone de manifiesto la falta de oportunidades, la cosificación y la fobia que tiene el sistema a que las mujeres cumplamos años. No puede ser que las mujeres de 40, 50 o 60 años queden expulsadas de sus trabajos simplemente por su edad.

INDAGANDO QUE ES GERUNDIO

Seguro que os suena el concepto edadismo, pero ¿qué significa exactamente? Edadismo no es decirle a Leonardo DiCaprio que deje en paz a las chicas de 20. **Edadismo es discriminar a alguien por cuestiones de edad,** y afecta principalmente a personas mayores y jóvenes. Y, según un informe de Naciones Unidas de 2021, 1 de cada 2 personas en el mundo tiene actitudes edadistas. Ejemplos concretos serían la invisibilización, la falta de oportunidades o el aislamiento a alguien por cuestiones de edad.

EL 93 % DE LOS ARTISTAS DEL FESTIVAL VIVE LATINO 2024 SON HOMBRES

Ahora toca destripar a los festivales de música, **¿qué lugar ocupan las mujeres en los festivales?** Para responder a esta pregunta he ido a consultar el festival de música más importante de México, el Vive Latino. He analizado el cartel de los dos días de festival en la edición de 2024, documentando cuántos hombres y cuántas mujeres se subieron en los escenarios, y también quiénes son cabezas de cartel.

En total tenemos a 86 grupos o solistas compuestos por 299 artistas. Al diferenciar entre hombres y mujeres vemos que **solo 22 mujeres se subieron al escenario, es decir, un 7 % del total, en contraposición a los 277 hombres, el 93 %.** Dicho de forma más clara, este festival está lejos de ser paritario, el asunto es bastante demoledor.

Gran parte de la disparidad se debe a que hay muchísimos grupos formados por muchísimos hombres. Así que, **si analizamos los datos de los artistas solistas, vemos que hay 22 hombres (79 %) y 6 mujeres (22 %).** La brecha se estrecha un poco, pero aun así estamos muy alejadas de la igualdad. La gran desigualdad aparece con los grupos musicales, hay 46 grupos formados exclusivamente por hombres, 9 grupos con composición mixta y solo 2 grupos

DATO MATA RELATO 🔥

Hay que destacar iniciativas de festivales 100 % compuestos por mujeres: tenemos el Ribera Sound, España, que en la edición de 2022 agrupó a 15.000 personas, o el Festival Hera, realizado en México en agosto de 2024. Y una gran apuesta por parte de Spotify con el EQUAL FEST de 2023, con Lola Índigo, Nathy Peluso, Natalia Lacunza, Ptazeta y Judeline, entre otras. Estos eventos son necesarios porque, de otra forma, artistas tanto grandes como pequeñas se quedan sin espacio y sin voz. A los datos me remito.

totalmente de mujeres: Las Ultrasónicas y The Warning.

Lo más heavy viene cuando nos fijamos en las cabezas de cartel, es decir, esos artistas que el festival posiciona como «los más importantes» de la edición. En este caso, **solo el 5 % de las cabezas de cartel son mujeres.** Moraleja: existen mujeres artistas brillantes, lo que parece que no hay es voluntad para contratarlas.

EN EL 79 % DE LAS SOCIEDADES NEOLÍTICAS LAS MUJERES TAMBIÉN CAZABAN

Siempre se ha dicho que en la Prehistoria los hombres cazaban y las mujeres se quedaban cuidando o recolectando. Todo esto es mentira y, aunque durante años ha habido científicas que lo han dicho, **no fue hasta 2020 cuando se las tomó en serio, y se reconoció que hace 8.000 años las mujeres también cazaban.**

La idea de que la caza era cosa de hombres es algo relativamente reciente, apareció en 1968 con el libro *Man the Hunter*, donde se afirma con rotundidad que había una división sexual del trabajo, y el mundo científico compra enseguida esta tesis. En 2020, es decir, hace 3 días, se encuentran **el cuerpo de una mujer enterrada con sus armas en los Andes,** de hace 8.000 años. Cualquiera se hubiera replanteado cosas con ese descubrimiento, pero el binomio mujer-recolectora era tan fuerte que la conclusión fue que las mujeres solo cazaban de forma puntual ante animales muy grandes.

Entonces ¿cazábamos, pero poco y en momentos concretos? Pues parece que esto también se ha desmontado. El 28 de junio de 2023, se publicó el artículo científico «El mito del hombre cazador: la contribución de las mujeres en la caza a través de contextos etnográficos». En él analizan 63 sociedades diferentes y en el **79 % de las sociedades neolíticas han encontrado que las mujeres cazaban igual que los hombres,** usando las mismas técnicas y herramientas.

¿Hasta qué punto los estereotipos y valores de ahora afectan a la revisión histórica del pasado? Y sí, todo esto es importante, porque nos demuestra que la historia que nos han contado hasta el momento está llena de sesgos y no es neutral. Toda la vida con el mantra de la mujer en casita o con los niños cogiendo manzanas, y va y es mentira.

EN EL TERRENO DE LAS IDEAS

Estas ideas realmente no son nuevas. **Antropólogas e historiadoras estuvieron durante años exponiendo estas mismas ideas.** Gerda Lerner, en su libro sobre la creación del patriarcado de 1986, lo explica a la perfección. Pero sus ideas fueron desestimadas e ignoradas por la ciencia y la historia.

EL 38 % DE LAS PELÍCULAS DE 2021 NO PASAN EL TEST DE BECHDEL

Seguro que os suena el test de Bechdel, y, si no os suena, vais a flipar. Esta prueba nace gracias a Alison Bechdel, una mujer que hacía cómics e historietas con bastante contenido feminista y lésbico. En 1983 publicó *Dykes to Watch Out For*, que lo podríamos traducir como *Unas lesbianas de cuidado*, donde nos muestra a dos mujeres que pasan por delante de un cine y una le dice a la otra: «¿Quieres que veamos una película?», y la otra le responde: «**Yo solo veo pelis si cumplen estas tres reglas**: 1) como mínimo han de aparecer dos mujeres, 2) han de hablar entre ellas y 3) que el tema de conversación no sea sobre un hombre». Automáticamente, deciden irse a casa.

Y de aquí nace el test de Bechdel; ahora se utiliza como un termómetro para medir la representación de las mujeres en películas y, prácticamente, se ha convertido en un examen feminista para la industria cinematográfica. Con el tiempo se añadió una regla más y es que los personajes femeninos tengan nombre propio. Seguro que os parece algo muy básico: **¿cómo puede ser que una película del siglo XXI no cumpla estas tres reglas tan tontas?**

Pues, chicas, **el 38 % de las películas estrenadas en 2021 no pasan estas tres simples reglas.** Ni *La La Land*, *Joker*, las dos primeras trilogías de *Star Wars,* ni *Avatar*, ni *El Señor de los Anillos*, ni, bueno, un largo etcétera. Desde 2017 a 2022, se han nominado 45 filmes a Mejor Película en los Oscar: **el 43 % no logró superar el test de Bechdel**. Esto es muy fuerte.

Que una película supere el test de Bechdel no es garantía de que sea feminista: **que nos representen no significa que lo hagan bien**. La presencia de mujeres es un mínimo tan básico que no nos podemos conformar con eso, pues es necesario una buena representación: plural, diversa y no sexista.

EL DATO QUE TE PETA LA CABEZA

En los Oscar de 2023, de las 10 películas nominadas a Mejor Película, solo 3 de ellas no pasan el test de Bechdel. Y con este dato podríamos pensar: «¡Qué bien, vamos mejorando!». Quizá, pero en 7 de ellas el protagonista es un hombre y solo una de estas películas está dirigida por una mujer. Aún nos queda muchísimo por hacer.

EN EL CINE, EL 30 % DE LOS PERSONAJES FEMENINOS ESTÁN SEXUALIZADOS

Que nos representen en la industria audiovisual es un mínimo y es una demanda crucial para el feminismo, pero no nos podemos quedar ahí. Nos hemos de preguntar: ¿cómo se nos representa? ¿Qué arquetipo de mujeres se muestran? ¿Hay diversidad de tramas, formas de ser, razas o cuerpos? O, por el contrario, ¿presentan un modelo único de mujer que absorbe todos los estereotipos sexistas habidos y por haber?

Pues, según datos de Statista, de todos los personajes de Hollywood entre 2007 y 2018, el 30 % de los personajes femeninos llevan ropa sexualizada, frente al 7 % de hombres. Y sí, podemos hacer la reflexión de si el problema es la ropa o la mirada externa. Pero, cuando pensamos en Bryce Dallas Howard en *Jurassic World*, donde literalmente estaba corriendo ante un tiranosaurio en TACONES, nos damos cuenta de que esto no va de debates morales, sino de lógica aplastante.

Y no, no somos puritanas, ni mojigatas, ni estamos en contra del sexo. Señalamos que hay una clara descompensación en la representación sexualizada de las mujeres y los hombres. Además, mostrando una imagen muy limitada y encorsetada de la sexualidad: parece ser que lo que importa no es hacer un ejercicio individual de nuestros deseos, sino presentarnos como un objeto de deseo para complacer la mirada masculina.

Según el mismo informe, casi el 30 % de las mujeres que aparecen en pantalla se acaban desnudando, frente al 9 % de los hombres. Y, bueno, que desnudarnos es maravilloso, pero ¿por qué solo lo hacemos nosotras? ¿Con qué objetivo se muestra a las mujeres desnudas? Aquí se me ocurre el caso de *Juego de Tronos*, donde la actriz que representa a Daenerys (Emilia Clarke) tuvo que pedir expresamente que no quería más desnudos, ya que no pintaban nada ni en la escena ni en la trama.

INDAGANDO QUE ES GERUNDIO

Natalie Portman dijo, en el 2018, que había sido sometida a «terrorismo sexual» desde los 12 años. Ella empezó a triunfar con esa edad, momento en el que recibió la primera carta de un fan donde relataba cómo la quería violar. También denunció comentarios de críticos de cine y periodistas sobre sus pechos, siendo ella menor de edad. Y, además, una radio creó una cuenta atrás con su 18 cumpleaños para celebrar el momento en el que ya fuera legal acostarse con ella.

EN LAS PELIS DE DISNEY, ELLOS HABLAN TRES VECES MÁS QUE ELLAS

Aunque os parezca raro, esto es así. La primera vez que leí este dato pensé: ¿cómo puede ser si las protagonistas casi siempre son las princesas? Pues las lingüistas Carmen Fought y Karen Eisenhauer, de la Universidad de Pitzer, descubrieron en 2016 que los hombres hablan tres veces más que las mujeres en las películas clásicas de Disney.

Básicamente, cogieron las típicas pelis de Disney y se pusieron a contar el tiempo que hablaba cada personaje, agrupando los minutos hablados por hombres y por mujeres. Hay películas que se salvan, como el primer clásico, que sería *Blancanieves*, donde el 50 % de los diálogos son de mujeres. Pero, en *La Sirenita*, el 68 % de los diálogos son de hombres, y mira que es difícil porque la protagonista es una mujer. En *La Bella y la Bestia*, los hombres hablan el 71 % del tiempo; mientras que en *Aladdín* ese porcentaje sube al 90 %.

Hasta en las películas más «feministas» de los clásicos de Disney, *Pocahontas* y *Mulán*, en las que las protagonistas son mujeres con arquetipos de personalidad alejados de la feminidad tradicional, sigue predominando la voz de los hombres: con el 76 % y 77 %, respectiva-

EL DATO QUE TE PETA LA CABEZA

Un dato que realmente llama la atención es que, en *La Bella Durmiente*, **Aurora, que es la princesa protagonista, solo tiene 18 líneas de texto**. Habla por primera vez en el minuto 19 de la película y por última vez en el minuto 39. En efecto, es la protagonista de Disney que menos habla en su propia película.

mente. Y esto no es algo solo del pasado, porque en la película *Frozen*, donde las protagonistas son dos hermanas, los hombres hablan el 59 % del tiempo.

Estos ejemplos son muy útiles para reflexionar sobre el concepto de representación. A simple vista diríamos que las películas de Disney nos han representado: quizá no han mostrado una imagen de nosotras muy diversa, aunque, por lo menos, éramos las protagonistas y las caras visibles. Pues se ha demostrado que sí; éramos la cara visible, pero la voz sigue siendo la de ellos.

SOLO HA HABIDO 14 PRESIDENTAS DE GOBIERNOS EN AMÉRICA LATINA

La política y el poder han sido históricamente monopolio de los hombres. Ellos mandaban, ellos decidían, ellos lideraban y manejaban países a su antojo. Aunque no entiendo por qué estoy hablando en pasado, ¿acaso todo esto ha cambiado? Aunque duela, la respuesta es no. **Si nos fijamos en Latinoamérica, solo ha habido 14 presidentas mujeres en toda la región.** Y actualmente hay 8 países que no han tenido nunca a una presidenta mujer: Colombia, Cuba, El Salvador, Guatemala, Paraguay, República Dominicana, Uruguay y Venezuela.

Respecto **a las pocas mujeres que llegaron a presidentas** en la historia de Latinoamérica tenemos a Isabel Perón y Cristina Fernández de Kirchner (Argentina), Lidia Gueiler y Jeanine Áñez (Bolivia), Ertha Pascal-Trouillot (Haití), Violeta Chamorro (Nicaragua), Rosalía Arteaga (Ecuador), Mireya Moscoso (Panamá), Laura Chinchilla (Costa Rica), Michelle Bachelet (Chile), Dilma Rousseff (Brasil), Xiomara Castro (Honduras), Dina Boluarte (Perú) y Claudia Sheinbaum (México).

Vamos a detenernos en el caso de México. Con el ascenso de Claudia Sheinbaum en 2024, este país pasa a estar en la lista de Estados con presidentas mujeres. Y aquí hay una reflexión necesaria, las mujeres no somos mujeres de luz. **Que una mujer llegue al poder no es garantía de tener un mejor gobierno,** un gobierno feminista o más social. No hay ningún indicio que nos haga pensar que las mujeres gobernamos mejor que los hombres. Pero lo que es intolerable es que el poder esté monopolizado por hombres. En un mundo igualitario, deberíamos tener todos y todas las mismas oportunidades de llegar a lo más alto.

Además, si ampliamos la mirada y nos fijamos en qué pasa en el mundo. A fecha de 2023, las mujeres ocupan el 22,7 % de los parlamentos en todo el mundo, es una aberración la falta de representación que tenemos, pero claro, en 1995 solo éramos el 10 %. **¿Hemos mejorado? Sí. ¿Nos tenemos que conformar con esto? Claramente no.**

INDAGANDO QUE ES GERUNDIO

Esta tendencia es algo mundial: ninguna mujer ha sido presidenta ni en España ni en Estados Unidos. Actualmente, en 2024, de los 195 países del mundo reconocidos, solo gobiernan mujeres en 27 de ellos. Esto representa el 13 %. Europa encabeza la lista con 12 países gobernados por mujeres, seguida del continente americano con 6. Según la ONU, al ritmo actual, la paridad entre hombres y mujeres en las altas esferas del poder no se conseguirá hasta dentro de 130 años.

LAS MUJERES NO SOMOS MINORÍA, SINO EL 49 % DE LA HUMANIDAD

En 2023, **hay 3.861.500.000 mujeres en el mundo**. Siempre me gusta remarcar que las mujeres somos la mitad de la humanidad, en concreto el 49 %, porque a veces se nos cataloga como «colectivo» o se entiende el feminismo como una lucha en los márgenes, y no. Esto nos interpela a todas, independientemente de nuestra clase social, nuestra raza, nuestra religión u orientación sexual.

Al feminismo lo atraviesan otras luchas, con sus demandas y sujetos concretos. Y muchas veces, sin darnos cuenta, nos cuesta ir más allá de nuestra realidad. Para las que no somos madres, entender las implicaciones de la maternidad es bastante complicado. Para las que son hetero, conocer la realidad de las lesbianas es todo un reto. Para las que vivimos en Europa, tener en cuenta las demandas y experiencias únicas de las demás mujeres en el mundo es muy complejo. Y también para las que somos blancas, neurotípicas o tenemos un cuerpo normativo.

Cada lucha tiene sus objetivos concretos y sus reivindicaciones, e inevitablemente hay puntos donde se conectan y se interrelacionan entre ellas. El movimiento antirracista, antiespecista, anticapacitista, el veganismo o antigordofobia: **la intersección entre luchas enriquece cualquier movimiento social**, le otorga capas de complejidad para poner analizar y adecuarse mejor a la realidad de las mujeres.

Y **cuando hablamos de feminismo hay un mínimo común denominador entre todas las mujeres**: la socialización diferencial, las agresiones machistas, la violencia sexual, la violencia estética, la pobreza, la falta de representación o la invisibilización. No importa cómo seas, el hecho de ser mujer hace que esto te atraviese en mayor o menor medida.

EN EL TERRENO DE LAS IDEAS

El documental de Netflix llamado *¿Qué coño está pasando?* **plasma a la perfección la realidad del movimiento feminista en España.** Fue estrenado en 2019 y da voz a diferentes visiones con posiciones distintas dentro del feminismo. ¿Cómo no iba a haber corrientes en un movimiento que interpela como mínimo a la mitad de la humanidad?

DE LOS 978 PREMIOS NOBEL, SOLO 62 HAN SIDO MUJERES

No nos engañemos. La historia nos ha tratado muy mal. Venimos de no ser consideradas «ciudadanas», de no poder votar ni estudiar en la universidad. Y esto aún no ha cambiado en todos los países del mundo, no cantemos victoria. Conocer nuestra historia es crucial porque nos ayuda a entender muchas cosas. Como, por ejemplo, los Premios Nobel y su dominación masculina.

Los Premios Nobel comenzaron a otorgarse en 1901 y, a fecha de 2023, se han repartido 978 galardones. Solo los han ganado 62 mujeres, es decir, un 6 % del total. En las categorías donde más presencia tenemos es en el Nobel de la Paz, con 17 mujeres, y en Literatura, con 15 mujeres. Donde menos, es en Economía, con 2 mujeres, y en Física, con 3.

En 2023 se ha galardonado a Claudia Goldin, que se convierte en la tercera mujer en ganar el Nobel de Economía. Tiene 77 años, es profesora de Harvard y acaba de conseguir los 862.000 euros que implica recibir este premio. Casi todo su trabajo académico se ha centrado en estudiar a las mujeres en el mercado laboral: la brecha salarial, la inserción de las mujeres por sectores económicos, el techo de cristal.

Su obsesión ha sido siempre entender por qué las mujeres cobramos un 20 % menos que los hombres. En su libro *Career and Family: Women's Century-Long Journey toward Equity* (2021), demuestra ya no solo que existe la brecha salarial sino por qué se produce. Para eso ha analizado más de 200 años de datos del mercado laboral en Estados Unidos y alude a factores como la conciliación familiar, la maternidad, la píldora anticonceptiva, los valores existentes según la época y los estereotipos de la sociedad. Cuidado: esto no significa que tener hijas o hijos produzca una brecha en sí mismo, sino que en esta sociedad y con estas reglas del juego se acaba traduciendo en eso.

INDAGANDO QUE ES GERUNDIO

Aunque **Marie Curie se llevó dos Premios Nobel: uno en Física en 1903 y otro en Química en 1911, tuvo que aguantar cómo la Academia la rechazó durante gran parte de su carrera** y fue escuchada gracias a la intervención de su marido Pierre. En esa época, o tenías el aval de un hombre o no eras nadie. Pero ahora también pasan estas cosas: a Katalin Karikó, premio Nobel de Medicina de 2023, le han dado el premio por su investigación relacionada con las vacunas del covid: casualmente la Universidad de Pensilvania tachó sus estudios de deficientes y no le renovaron el contrato. Ahora que ha ganado el premio se quieren apuntar los méritos.

SOLO EL 24 % DE LAS PERSONAS EN LOS MEDIOS SON MUJERES

Este dato me ha llamado mucho la atención porque mi percepción es totalmente diferente. Las personas tendemos a buscar cámaras de eco, es decir, consumimos contenido afín a nosotras o nos rodeamos de gente que, en general, comparte nuestros valores. Entonces, si eres un hombre heterosexual al que le apasiona el fútbol, muy probablemente consumas pódcast, vídeos o leas sobre eso. En mi caso, casi todo el contenido que miro es de mujeres hablando sobre mujeres. Y, claro, podemos caer en el peligro de pensar que nuestra microburbuja es la realidad, cuando está claro que no es así.

Por eso son necesarios los datos, porque cuando vemos que, en 2015, solo el 24 % de las personas que aparecen en los medios de comunicación son mujeres, flipamos. Este dato se extrae de la asociación Who Makes the News?, que hizo este estudio para la ONU Mujeres, donde analizó la presencia de hombres y mujeres en medios de comunicación de 114 países, diferenciando por periódicos, radio y televisión.

¿Dónde dirías que hay menos mujeres? Pues en la radio, con tan solo el 21 % de mujeres; seguida de la televisión, con el 24 %, y, sorprendentemente, donde más mujeres hay es en los periódicos, con el 26 %. Pero, bueno, si os fijáis en los números, tampoco hay mucha diferen-

INDAGANDO QUE ES GERUNDIO 👓

Que nos representen es un mínimo, y cuando analizamos cómo nos representan a veces es desesperante. ¿Os acordáis del programa *La ruleta de la suerte*? Tengo la imagen en la cabeza de la azafata cuyo rol es exclusivamente pasearse por el plató en minifalda y tacones, haciendo ver que al tocar las letras de la pantalla se descubren. ¿Os imagináis a un hombre haciendo ese rol? ¿Por qué siempre tienen que ser mujeres las que entregan los sobres, las flores o los premios? Poco a poco estas costumbres sexistas van desapareciendo. En 2018, el jefe de la Fórmula 1, Chase Carey, prohibió las *grid girls* (azafatas) para adecuarse a los nuevos tiempos.

cia entre ellos y todos se sitúan en menos de un 30 % de mujeres, algo que me parece una vergüenza. También realizan un análisis por los temas que se comunican: donde menos presencia de mujeres existe es cuando se habla de política (solo el 16 %), y donde más es en ciencias y en la salud (con el 35 %).

83 PAÍSES EN 2021 TENÍAN UNA LEY DE CUOTAS PARA MUJERES

Hablar de cuotas siempre genera mucho debate, por ejemplo: ¿qué pasa con la meritocracia?, ¿se tiene que contratar al mejor? o ¿se contratarán a mujeres que no se lo merecen o que son mediocres? **Vamos a ver por qué las cuotas son necesarias.** El objetivo de las cuotas es forzar una paridad que de forma «natural» no se produce. Es una medida correctiva que asegura la presencia de mujeres en espacios de poder o representatividad que hasta ahora han sido exclusivos de hombres. Además, en un mundo feminista las cuotas dejarían de existir, porque no haría falta corregir ninguna desigualdad.

Cuando hablamos de parlamentos, **en 83 países del mundo ya tienen una ley de cuotas en 2021**; es el caso de España, Francia, Canadá, Argentina, Sudáfrica, Suecia o Nueva Zelanda. Es decir, en prácticamente la mitad de los países del mundo se ha tomado la decisión de forzar la entrada de las mujeres en política. En las redes sociales hay gente que se enciende mucho con este tema, así que ¿cómo contestamos a las preguntas del principio?

Vayamos por partes, pensar que antes de las cuotas existía la meritocracia es un poco ingenuo. **Para que exista la meritocracia, es necesaria la igualdad de oportunidades.** Y ahora mismo existen barreras de entrada por motivos de sexo, clase, edad, raza o etnia. Así que no partimos del mismo nivel, es imposible que exista la meritocracia en un mundo en el que unos tienen privilegios sobre otros. Además, **siempre ha habido hombres mediocres en el poder y no he visto a nadie tan preocupado**. Y sí, las mujeres también tenemos derecho a ser mediocres.

DATO MATA RELATO 🔥

Las cuotas en España se introdujeron con la Ley de Igualdad de 2007. **Ahí se recogía que, en las listas electorales y los consejos de administración de empresas privadas, las mujeres tenían que ser como mínimo el 40%.** En el ámbito político la aplicación ha sido satisfactoria, al principio se hacían trampas poniendo a las mujeres al final de las listas electorales, pero ahora prácticamente todos los partidos son paritarios (menos Vox, claro). En el ámbito económico ha sido más dramático, en 2021 alcanzamos el 30% de mujeres en los consejos de administración de las empresas privadas.

LAS FUTBOLISTAS COBRAN 10 VECES MENOS QUE LOS FUTBOLISTAS

El fútbol femenino está en pleno auge y explosión, ya era hora de que se rompiese el binomio hombres-fútbol. Y esto es algo que percibimos y comprobamos todas: ahora conocemos los nombres de las jugadoras, vemos los partidos, las seguimos en las redes sociales, se habla de ellas en las noticias y redes... Es evidente que, en pocos años, **el fútbol femenino ha experimentado toda una revolución**. Y, como no iba a ser de otra forma, los datos lo confirman.

En dos años, de 2020 a 2022, **el consumo de fútbol femenino ha subido un 73 %** según la revista deportiva *Relevo*. El número de jugadoras federadas se ha duplicado desde 2009. En general, el fútbol femenino está en proceso de profesionalizarse: ahora hay más categorías, más promociones y más planes estratégicos para ellas.

Según el canal DAZN, en 2022 el 16 % de la población mundial está interesada en el fútbol femenino, y **la cobertura mediática se ha incrementado un 175 %** desde 2019. Todos estos datos muestran una tendencia increíble, pero aún falta mucho por recorrer. Primero, las condiciones laborales y económicas. Para las mujeres es prácticamente imposible vivir del fútbol, la mayoría tiene que combinarlo con otros trabajos, y eso implica poder entrenar menos y afianzarlo como un hobby y no como un trabajo profesional.

Uno de los grandes dramas que se producen es la brecha salarial entre el fútbol femenino y el masculino. **El salario mínimo de un futbolista en España es de 155.000 euros y para una futbolista es de 16.000 euros, a fecha de 2023.** Y aquí la solución puede ir en dos direcciones: uno, subirles el salario a las mujeres futbolistas porque estos ingresos son una vergüenza y reflejan que claramente no es un deporte que esté profesionalizado para nosotras. Y dos, ¿por qué los hombres cobran tanto? No es ni medio normal. Por poner un ejemplo, en 2018 el sueldo de Neymar equivalía al de 1.693 mujeres futbolistas.

INDAGANDO QUE ES GERUNDIO

En la percepción de que el fútbol es algo para hombres, existe un aspecto particular también de lenguaje: **cuando decimos «fútbol», automáticamente pensamos en fútbol masculino** y en hombres. Mientras que, para referirnos a nosotras, necesitamos poner el adjetivo «femenino». Es decir, el fútbol a secas es para ellos, porque son la norma y el punto de referencia. Entiendo que esto es normal porque hasta ahora solo se le había dado voz al fútbol de hombres. Pero hay que ir cambiándolo.

TOKIO 2020: 21 DEPORTES SOLO PARA HOMBRES Y 3 SOLO PARA MUJERES

La relación de las mujeres con el deporte ha estado marcada por la exclusión, y la historia de los Juegos Olímpicos lo demuestra. Los Juegos Olímpicos nacieron en la Antigua Grecia en el siglo VIII a. C. De esta primera época destacan dos cosas: **las mujeres tenían prohibido participar como deportistas**, y tampoco se las dejaba asistir como espectadoras. Como podéis ver, era todo bastante inclusivo... Otra de las curiosidades es que los deportistas estaban completamente desnudos y empapados en aceite de oliva. Hacer deporte de esta forma se entendía como una muestra de masculinidad, estatus y virtud física. Hoy en día, si viésemos a todo un estadio de hombres observando a otros hombres desnudos, le daríamos otra connotación.

Los Juegos Olímpicos tal y como los conocemos empiezan en 1896. **Las mujeres compitieron por primera vez en 1900, pero solo representaban el 2 % del total.** Entre los años treinta y setenta, de media representaron el 10 % de todos los deportistas. Y, poco a poco, la presencia de mujeres se fue incrementando: en los años ochenta éramos el 22 %, en 1992 fuimos el 29 % y en 2020 hemos sido el 49 %.

Pero aún hay muchas cosas que resolver: **existen 21 pruebas solo para hombres**, por ejemplo, 6 pruebas diferentes de ciclismo donde solo existe la modalidad masculina. También tendríamos el béisbol, la lucha grecorromana y el decatlón. Sobre el decatlón olímpico, las mujeres se están empezando a movilizar pidiendo su inclusión; llevaban 20.000 firmas para que se incorporaran en los Juegos de París de 2024.

También hay **3 deportes olímpicos donde solo pueden participar mujeres**: gimnasia rítmica, natación sincronizada y sófbol. ¿Por qué creéis que es? Supongo que el hecho de estar relacionado con algo más artístico hace que se vea como algo femenino y, por lo tanto, «solo apto para mujeres». Seguimos viendo mucho machismo.

EL DATO QUE TE PETA LA CABEZA

España fue el primer país en crear una federación masculina de gimnasia rítmica, y en 2009 se impulsó el primer campeonato de España de gimnasia rítmica masculina. Tuvieron que luchar mucho para que dejaran a sus deportistas competir internacionalmente porque no se concebía que un hombre practicara ese deporte. Hoy en día, estos deportistas son vetados de los Juegos Olímpicos.

SOLO 24 MUJERES LIDERAN RESTAURANTES CON TRES ESTRELLAS MICHELIN EN ESPAÑA

Cuando me enteré de esto, no me lo pude creer. La cocina ha sido algo que se ha asociado a las mujeres, la historieta de siempre: nosotras a la cocina y ellos a ganar dinero. La organización patriarcal nos ha relegado a ser las encargadas de cocinar; si pensamos en nuestras abuelas, lo vemos clarísimo. Lo normal es que ellas se encarguen siempre de hacer la comida, mientras que ellos no se saben ni freír un huevo.

Pero, cuidado, porque cuando hablamos de «alta cocina» casualmente ese ámbito está plagado de hombres. El sistema nos lanza el siguiente mensaje: «Vosotras funcionáis bien en lo doméstico, donde no hay ingresos económicos ni reconocimiento social, aunque diremos que hacéis los mejores canelones». Pero, cuando hablamos de la cocina como algo profesional y de élite, nos borran del mapa.

En 2022, solo 24 de 250 restaurantes españoles con tres estrellas Michelin están liderados por mujeres en la cocina. En ese mismo año, la web Chef's Pencil hizo un estudio donde analizó 2.286 restaurantes galardonados con estrellas Michelin de 16 países diferentes, y concluyó que únicamente en el 25 % de ellos las mujeres eran jefas de cocina.

Claro, cuando salimos de la alta cocina los datos son muy diferentes. Según el estudio *Ali-*

DATO MATA RELATO 🔥

Según el mismo informe de MAPFRE, nosotras somos las encargadas de hacer la compra en exclusividad en el 63 % de los hogares. Le dedicamos una media de 81,52 minutos a la semana. Y el 85 % de nosotras sabemos cocinar, el 12 % afirma que se defiende y solo el 3 % dice que no sabe. Si nos fijamos en los hombres, los porcentajes son muy diferentes: el 56 % sabe cocinar, el 29 % se defiende y el 15 % no sabe. Como era de esperar, los que menos saben cocinar son los hombres de más de 75 años, categoría donde la mitad afirma que no tiene ni idea.

mentación, sociedad y decisión alimentaria en la España del siglo XXI, realizado por la Fundación MAPFRE en 2019, el 85 % de las mujeres españolas afirman que saben cocinar frente al 56 % de hombres. O sea, la mitad de ellos no saben cocinar, pero mágicamente los que sí saben son los mejores. ¿No os huele un poco raro?

SOLO EL 30% DE LOS GAMERS PROFESIONALES SON MUJERES

Otro ámbito bastante asociado a lo masculino es el mundo de los videojuegos. Si yo te digo que te imagines a una persona *gamer*, lo más probable es que pienses en un chico adolescente encerrado en su casa jugando a la Play sin parar. Pues la realidad no es del todo así: según el *Anuario de la industria del videojuego en España en 2022*, **el sector del videojuego cuenta con 18,2 millones de jugadores y el 47% de ellos son mujeres**.

Un dato clave es que **8 de cada 10 mujeres que juegan a videojuegos lo hacen con el móvil**, siendo el *Candy Crush* el juego más popular. Solo el 45% juega con el ordenador y el 37% con una consola. Menos del 8% de las mujeres que juegan lo hacen en partidas multijugador, según datos del estudio *Mujer y videojuegos* de 2021, realizado por la Universidad Europea de Madrid.

Al observar el ámbito de los videojuegos de forma profesional, los datos ya cambian por completo. **Las mujeres representan únicamente el 30% de los jugadores profesionales de eSports** (es el nombre con el que se llaman a los deportes electrónicos, es decir, videojuegos de toda la vida, pero con competiciones, eventos y mucho dinero de por medio).

Siempre se ha dicho que la industria del videojuego es muy machista y, claro, cuando nos vamos a los datos **vemos que en 2022 solo el 23% de las trabajadoras del sector eran mujeres**, aunque en tres años hemos aumentado siete puntos porcentuales, algo que es bastante impactante. El que las mujeres no participemos de forma activa en la creación de los juegos tiene sus consecuencias, como que cuando tengan que representarnos lo hagan de una forma sexualizada. Porque vuelve a ser un hombre el que, bajo su mirada, construye una representación de nosotras.

EL DATO QUE TE PETA LA CABEZA

La Asociación Española de Videojuegos analizó, en 2022, 13.000 personajes de 50 videojuegos diferentes. **En el 94% hay más diálogos de hombres y de mujeres.** Y existen infinidad de personajes masculinos: por cada 20 hombres solo encontramos a 5 mujeres. Aunque me gustaría destacar el videojuego *Fortnite*, que dentro de los juegos de disparos es el más popular entre las mujeres. En la versión gratuita tu avatar es al azar, y la probabilidad de que te toque un hombre o una mujer es la misma.

4

MERCADO LABORAL

¿Existe machismo en el mercado laboral? Teniendo en cuenta que las mujeres hemos sido históricamente expulsadas de él, lo normal es que eso haya dejado una huella muy visible en forma de discriminación. Así lo demuestran los datos: **el techo de cristal, el suelo pegajoso, la feminización de la pobreza o la brecha salarial**. Estos no son conceptos etéreos, sino hechos tangibles que siguen ocurriendo hoy en día.

Cuando miramos el mercado laboral con las gafas feministas puestas nos hemos de hacer estas preguntas: ¿por qué a veces nos vemos obligadas a reducir las jornadas de trabajo? ¿Por qué tenemos más trabajos a tiempo parcial? ¿Y por qué firmamos contratos de peor calidad que los hombres?

Aunque pensemos que se ha superado la **división sexual del trabajo**, esa idea machista de que los hombres traían el dinero a casa y las mujeres se encargaban de cuidar a la familia y las tareas del hogar, la realidad no sigue siendo tan distinta, aunque ahora trabajemos de forma remunerada.

En este capítulo veremos **12 razones que demuestran que el patriarcado sigue estando presente en nuestros trabajos y que las mujeres tenemos doble jornada laboral**: porque nos seguimos haciendo cargo de cuidar a la familia y lo combinamos con nuestro trabajo remunerado.

EL 21% DE LAS MUJERES EN MÉXICO HAN TENIDO QUE FALTAR AL TRABAJO POR LA MENSTRUACIÓN

¿Cuántos hombres han cuestionado nuestros dolores de menstruación? Diciendo que exageramos y que no hay para tanto, como si ellos supiesen mejor que nosotras qué significa sacar sangre por la vagina todos los meses. Pues la realidad es que, en México, el 21% de las mujeres se han visto obligadas a faltar al trabajo por fuertes dolores menstruales, según datos de la primera encuesta nacional de gestión menstrual, de la Colectiva #MenstruaciónDignaMéxico, Unicef y la empresa Essity.

La primera vez que se aprobó un permiso laboral con sueldo por problemas relacionados con la menstruación en México fue en Colima el año 2022. Después en Hidalgo en 2023 y, a inicios de 2024, Nuevo León. Es decir, estamos experimentando cómo poco a poco se instaura una nueva conciencia: **hay mujeres que tienen reglas tan dolorosas que les impiden trabajar.** Y esto no es estigmatizante, para muchas mujeres la menstruación duele. ¿Por qué nadie cuestiona a una persona cuando se coge una baja laboral por ciática? ¿Por qué lo hacemos con la menstruación?

Aunque estas licencias laborales llevan dos años aplicándose en algunos municipios de México, solo aplican a las mujeres que trabajan en organismos públicos como el Estado o ayuntamientos, y esto se reduce al 5% de las mujeres mexicanas.

¿Cuál es el miedo? ¿Que todas las mujeres del país vayan en masa a pedir la baja menstrual? Como cualquier otra baja, **hace falta el diagnóstico de una médica o médico.** Si has tenido problemas crónicos con la regla y constan en tu historial médico, temas de endometriosis, ovarios poliquísticos o miomas. Aunque se sabe que hay muchísimo infradiagnóstico.

INDAGANDO QUE ES GERUNDIO

«La sanidad en enfermedades propiamente de mujeres no es que esté mal, es que no está». Este es el testimonio de Ana Ferrer, vicepresidenta de ADAEC (Asociación Estatal de Afectadas por la Endometriosis) de España. Durante toda la historia los encargados de investigar en temas de salud eran hombres. Si solo se encargaban de hacer pruebas en cuerpos de hombres, ¿cómo iban a pensar que la menstruación dolía o que podía ser incapacitante? Si a ellos no les afecta. Según el servicio de Ginecología del Hospital Clinic, en 2023, se estima que hay un 10% de mujeres que sufren endometriosis, es decir, dos millones de afectadas. Una enfermedad que es profundamente dolorosa y que entra en los requisitos para pedir la baja menstrual.

EN GUARDERÍAS, EL 97% DE LAS MAESTRAS SON MUJERES

El machismo impregna muchos ámbitos de nuestra vida, existen algunos más evidentes y otros donde su huella es algo invisible, y en el mercado laboral encontramos un montón. **Hay tipos de trabajos que históricamente se han considerado como «para mujeres» y otros «para hombres».** Ellos son electricistas, mineros u obreros; mientras que nosotras somos enfermeras, profesoras y limpiadoras. Todo lo que tenga que ver con cuidados, enseñanza y educar a otros está catalogado como algo exclusivamente nuestro.

Si nos centramos en el sector educativo vemos dos grandes tendencias: **la segregación horizontal y la vertical.** ¿Qué significa esto y qué nos dicen los datos? Si empezamos por la base de la pirámide educativa, nos encontramos con la guardería, donde el 97% de las maestras son mujeres; en Educación Primaria representan el 82%; en Secundaria son el 64% y en la universidad bajan al 44%. Hemos pasado de ser prácticamente el cien por cien a no llegar ni a la mitad.

La conclusión es que, aunque sea un sector ocupado en su mayor parte por mujeres, **a medida que vamos ascendiendo en el nivel educativo, la presencia de hombres se va incrementando.** Casualmente también suben el estatus, los salarios y el prestigio social; así, se considera más «intelectual» dar clases en la universidad que enseñar a un bebé de dos años los colores. Cuesta mucho romper el binomio de intelectualidad-hombre y cuidados-mujer.

Este ejemplo es perfecto para entender los dos tipos de segregación: la horizontal, con la que **hombres y mujeres toman diferentes decisiones sobre cuál será su profesión**; y la vertical, en la que, cuanto más ascendemos en la pirámide laboral, menos mujeres encontramos. La metáfora del techo de cristal refleja a la perfección este concepto.

DATO MATA RELATO 🔥

A veces se afirma que las mujeres no nos atrevemos con algo tan duro como, por ejemplo, ser camioneras. Porque es un trabajo que implica muchas horas de soledad y conducción. Pero es que en España hay 23.400 mujeres con permiso para conducir camiones, según los datos de la Dirección General de Tráfico (DGT) de 2022. Serían el 7% del total de mujeres con carnet de conducir. ¿Qué pasa cuando una mujer desempeña un trabajo considerado para hombres? Pues que la palabra «camionera» pasa a tener una connotación diferente si se refiere a mujeres.

MENOS DEL 24 % DE LOS CIRUJANOS SON MUJERES

En el sector sanitario sucede exactamente lo mismo que acabamos de ver con el sector educativo: en 2023, en España, **el 84 % de las enfermeras son mujeres, las médicas representan el 53 % y menos del 24 % de cirujanas son mujeres**. El patrón es idéntico: al ir ascendiendo en la jerarquía, la proporción de mujeres va disminuyendo. A mejores condiciones, mayores sueldos y más estatus, lo que significa también más hombres.

Y, como hemos visto en el ejemplo de las camioneras, aquí pasa lo mismo con los enfermeros. **¿Qué pasa cuando un hombre quiere dedicarse a un trabajo feminizado?** Sin darnos cuenta, la sociedad lo ha vinculado a la homosexualidad. Cuando vemos a un hombre enfermero, o a un chico estudiando Enfermería, se activa un sesgo cognitivo que nos hace pensar que es gay. Porque, claro, el sistema nos dice que un hombre que se comporta «como una mujer» no puede ser hetero.

Pero volvamos a la medicina, la cirugía y las mujeres. La buena noticia es que esta tendencia está cambiando: según la Asociación Española de Cirujanos en 2021, **el 60 % de todas las cirujanas y los cirujanos júnior eran mujeres**. Así que se demuestra que es una tendencia que se empieza a revertir. La mala noticia que reafirma la presencia del techo de cristal: **las mujeres representan menos del 30 % en puestos de liderazgo médico**, como jefaturas de servicio, presidencias de sociedades científicas o decanatos.

EL DATO QUE TE PETA LA CABEZA

Una investigación de la revista médica *JAMA Surgery* de 2022 analizó a más de 1 millón de pacientes en Ontario que se habían operado de 21 procedimientos quirúrgicos comunes, realizados por casi 3.000 cirujanos y cirujanas. **La conclusión de la investigación es que las mujeres pacientes tienen un 15 % más de probabilidades de sufrir un mal resultado** y un 32 % más de probabilidades de morir cuando las opera un hombre que una mujer. Oneeka Williams, uróloga de la Universidad de Tufts, apunta que «los hombres piensan que las mujeres son más quejicas y se las toman menos en serio en sus quejas postoperatorias».

LAS MUJERES TIENEN CASI EL DOBLE DE CONTRATOS A TIEMPO PARCIAL QUE LOS HOMBRES

Las mujeres tenemos trabajos más precarios, con mayor temporalidad, más rotación, peor remuneración y, en definitiva, empleos de menor calidad en comparación con los hombres. Catherine Berheide, doctora en sociología, creó el término suelo pegajoso o *sticky floor* en 1992 para hacer referencia a esto. La metáfora es muy visual: nos imaginamos a una mujer enganchada en un suelo pegajoso, con dificultades para moverse y siendo incapaz de subir los escalones de la escalera, que representan las mejoras laborales.

Esto no son percepciones ni opiniones sesgadas, lo avalan los datos. Y uno de los más característicos son los referentes a las jornadas a tiempo parcial, es decir, contratos de menos de 35 horas a la semana. Este tipo de contrato es principalmente para mujeres: en México, en el año 2019, 36,6 % de las mujeres tenían trabajos parciales, mientras que los hombres solo un 19,1 %. Es decir, tenemos casi el doble de trabajos a tiempo parcial, según datos de la Organización Internacional del Trabajo, en los Indicadores principales sobre el mercado laboral.

¿A qué responde realmente esto? Básicamente a reducciones de jornada, algo vinculado a temas de conciliación familiar, ya que somos nosotras las que nos encargamos de cuidar a nuestras hijas e hijos, personas mayores o dependientes. Y es que, con nuestra inclusión en el mercado laboral remunerado, hemos asumido más responsabilidades y tareas, pero sin soltar ninguna. Y esto es algo profundamente injusto y delirante, ¿cuántas horas reales trabaja al día una mujer con hijas o hijos? Preparar el desayuno, la comida, la cena, vestir a la niña, llevarla al colegio, salir del trabajo antes para llevarla al médico, pensar la compra. Todo esto también es trabajo.

EL DATO QUE TE PETA LA CABEZA

No he encontrados datos de México sobre el volumen de excedencias de trabajo por cuidar de menores o personas dependientes. Pero si miramos los datos de España, el primer trimestre de 2022 en España se concedieron 24.942 excedencias en el trabajo por el cuidado de menores o familiares dependientes, el 84,5 % corresponden a mujeres. Podríamos pensar que en México la situación es muy parecida, y esto es un círculo vicioso: como nosotras tenemos peores trabajos y encima nos reducimos la jornada para poder combinar el tetris que supone nuestra vida, cuando hay que sacrificar el trabajo de alguien en una relación heterosexual, siempre pringamos nosotras.

SOLO EL 60 % DE LAS MUJERES CON TRES O MÁS HIJOS TRABAJA

El impacto de la maternidad en nuestra vida es algo muy estudiado y con muchas aristas, y más cuando ponemos una lupa en el ámbito laboral. En la Unión Europea la tasa de empleo en mujeres sin hijos o hijas era del 77 % de media y del 81 % en el caso de los hombres en el año 2020. Es decir, cuando no hay descendencia los hombres tienen más empleo que nosotras, pero tampoco existe mucha diferencia.

A medida que aparecen los hijos o hijas, estos porcentajes empiezan a bajar, pero qué casualidad que esto solo ocurre en el caso de las mujeres. El 60 % de las mujeres con tres o más hijas o hijos están trabajando, mientras que en los hombres asciende hasta el 87 %. Es decir, casi el 20 % de las mujeres renuncia a su trayectoria laboral para cuidar a su familia, y encima serán sometidas a juicios de valor machistas. Si dejas el trabajo, te critican porque lo has dejado. Si sigues trabajando, porque estás descuidando a tus hijas o hijos. Si das el pecho mucho tiempo, mal; si no lo das, también mal. No hay una forma de actuar que esté libre de ser tachada como negativa. ¿Dónde está toda esta presión en los hombres? ¿Por qué no se espera de ellos que se encarguen al 50 % y hagan los mismos sacrificios que nosotras?

Porque, al final, las que dejamos nuestros trabajos, nos reducimos la jornada o pillamos excedencias somos nosotras. Y es que nos han enseñado a priorizar la maternidad frente a nuestra vida laboral, y esto no es un alegato a que producir para el sistema capitalista es más importante que maternar. Esto es señalar la desigualdad e injusticia que implica que este dilema solo lo tengamos nosotras. Estoy segura de que, en un mundo más igualitario, no haría falta ningún tipo de sacrificio.

INDAGANDO QUE ES GERUNDIO

A principios de 2023, se presentó el *I Barómetro social de la percepción de las españolas acerca de la maternidad y la fertilidad*, donde se recoge que **el 53 % de las mujeres entre 30 y 35 años no ha tenido hijas o hijos**. En el caso de las mujeres de 36 a 39 años, es el 34 % y, en mayores de 40 años, el 29 %. Cuando se pregunta a las mujeres que no han tenido descendencia el porqué, nos encontramos que el primer motivo es económico: la imposibilidad de asumir los gastos o las dificultades que implicaría la conciliación.

EL 33 % DE LAS TRABAJADORAS DOMÉSTICAS VIVE EN LA POBREZA

Hablar de cuidados o limpieza en este sistema es sinónimo de hablar de mujeres en situación de precariedad. Aquí siempre me he hecho la misma pregunta: **¿los trabajos relacionados con los cuidados están peor valorados porque los ocupan mujeres o porque los ciudadanos no se valoran?** Es decir, ¿la infravaloración es por el trabajo en sí o porque se asocia con las mujeres? ¿Qué va antes, el huevo o la gallina?

A finales del año 2021, Oxfam Intermón estimó que había más de 550.000 mujeres trabajando como empleadas del hogar en España. La gran mayoría sin contrato, en situación de irregularidad y cobrando una miseria. Para ceñirnos a los datos, **el 33 % de las trabajadoras del hogar está por debajo del umbral de pobreza**, y 1 de cada 6 se encuentra en situación de pobreza extrema, lo que significa vivir con menos de 16 euros al día.

La situación es dramática: sin contrato, ni condiciones laborales, ni derecho a paro, siendo explotadas laboralmente, sin cotizar a la Seguridad Social, sin derecho a pedirse una baja o tener vacaciones, cobrando una miseria, muchas incluso sin papeles. Casi todo el sistema de dependencia recae sobre ellas. Pensad en ejemplos cercanos, ¿quién cuida de las personas mayores cuando están en casa y necesitan «una interna»? ¿Quién limpia las casas de la gente de vuestro alrededor? ¿Tienen papeles? ¿Cobran más del salario mínimo? ¿En qué condiciones están?

Y esto solo es una parte de lo que implica estar «fuera» del sistema, porque en realidad no están fuera: el sistema las necesita y las requiere para hacer una profesional fundamental. **Pero, en vez de tratarlas como trabajadoras y ciudadanas, el trato se asemeja más al de la esclavitud. ¿Eso no se había abolido ya?**

INDAGANDO QUE ES GERUNDIO

Un ejemplo paradigmático es el caso de **Las Kellys, una asociación de trabajadoras de la limpieza en hoteles que lucha por mejorar sus condiciones laborales.** Su activismo señala la sobrecarga de horas de trabajo, la explotación laboral, los salarios inhumanos y el fuerte estigma causado por el clasismo, el racismo y el machismo. Cuando pensamos en trabajos duros, solo nos imaginamos empleos masculinizados como mineros o paletas. Pero las limpiadoras de hoteles llevan años denunciando dolencias como dolores musculares, hernias, síndrome del túnel carpiano o bursitis en codos o rodillas.

LA BRECHA SALARIAL ENTRE HOMBRES Y MUJERES ES DEL 23 % EN LATINOAMÉRICA

Uno de los conceptos más conocidos cuando hablamos **de desigualdad entre hombres y mujeres en el ámbito laboral es la brecha salarial**. La brecha salarial hace referencia a la diferencia de ingresos entre hombres y mujeres, y en estos últimos años se ha convertido en una obligación para muchas empresas del mundo. Por ejemplo, en España, a nivel estatal se obliga a elaborar un Registro Retributivo donde se plasmen las diferencias de salarios entre hombres y mujeres.

Sobre la brecha salarial se ha debatido mucho: mientras los datos y los organismos oficiales demuestran su existencia, hay sectores que la niegan aludiendo a preguntas del estilo: **«¿Cómo es posible que un hombre y una mujer cobren diferente por hacer lo mismo?»**.

Según el último informe del Banco Internacional de Desarrollo para el Marco Sectorial de Género y Diversidad, **en América Latina y el Caribe, en 2019, las mujeres ganaron de media un 23 % menos que los hombres**. Además, señalan que la brecha aparece o se intensifica cuando nace la primera hija o hijo.

Y aquí lo vemos clarísimo, para las mujeres sigue siendo toda una travesía combinar nuestra vida familiar con la laboral. Sigue profundamente anclada la idea de que tenemos que parar toda nuestra vida para cuidar. Y yo aquí pienso: **¿tan difícil es entender que lo más justo es un mundo igualitario donde las cargas familiares y del hogar estén totalmente repartidas?**

DATO MATA RELATO 🔥

Hablar de brecha salarial puede ser un poco confuso porque hay mil formas de calcularla y, realmente, si vemos diferentes cifras, es posible que todas sean correctas. Vamos a ver diferentes tipos de brecha:

- **Brecha efectiva:** se coge el salario medio anual de los hombres y se compara con el de las mujeres.
- **Brecha «no ajustada»:** se recoge por hora trabajada y se obtiene a partir de saber cuánto cobran de media los hombres y las mujeres por hora.
- **Brecha «ajustada»:** se intenta capturar realmente el concepto «el mismo puesto de trabajo» entre hombres y mujeres. Con un modelo de regresión múltiple, se hace una ficción de cómo sería la brecha si los hombres y las mujeres trabajasen de lo mismo y las mismas horas. No tiene en cuenta las jornadas parciales, ni los contratos temporales, ni las reducciones de jornada. Es el porcentaje más pequeño, porque en los otros casos, las características de nuestros contratos hacen que cobremos menos.

EN MÉXICO, LA BRECHA SALARIAL ES MÁS DEL DOBLE EN EL SECTOR PRIVADO QUE EN EL PÚBLICO

Entender la brecha salarial como un simple número, como se suele comunicar en los medios, es perdernos muchísima información. Es quedarnos con una foto fija ante un fenómeno que está en movimiento y es mucho más complejo.

Analizar de verdad la brecha salarial implica preguntarnos ¿dónde es más acusada? O **¿qué condiciones ocurren para que la brecha sea mayor o menor?** Puede ser según el sector económico, las categorías laborales, los niveles salariales o si la empresa es pública o privada. Existen mil variables que pueden afectar, y para analizar bien todo esto es necesario ir más allá de un simple porcentaje.

Y como era de esperar, en México, la brecha salarial es casi el doble en el sector privado que en el público. **En el sector público, la brecha salarial entre hombres y mujeres es del 7,9 %,** mientras que en el sector privado depende mucho del ámbito donde nos fijemos: en restaurantes y servicios es del 13 % y en el tercer sector alcanza el 25 %, según datos del Instituto Nacional de Estadística y Geografía (INEGI) de 2019.

Tiene sentido: cuando hay dinero público los salarios están más controlados y regulados, además de hacerse públicos y de estar cerrados antes de empezar el proceso de selección. **En las empresas privadas lo normal es que muchos de los salarios se negocien,** cada puesto de trabajo tiene una horquilla de sueldo máximo y mínimo, y entonces se produce una negociación entre la empresa y la persona candidata. Es aquí cuando las mujeres salimos perdiendo, ya que negociamos peor nuestro salario. Por un tema de socialización, además del síndrome de la impostora, nos cuesta pedir más dinero y sostener la tensión de una negociación.

EL DATO QUE TE PETA LA CABEZA

Cuando analizamos la brecha salarial según categorías laborales, es decir, el puesto jerárquico que ocupas en una empresa, vemos mucha disparidad. Según los datos del Centro de Investigación en Política Pública y el Instituto Mexicano para la Competitividad (IMCO) de 2022:

- Altos cargos: la brecha salarial dentro de los altos cargos, es decir, directivos, es entre el 16 % y el 22 %.
- Cargos intermedios: en los puestos intermedios la brecha salarial se reduce, y es del 14 % de media.
- Puestos de entrada: en las categorías más bajas la diferencia de salarios entre hombres y mujeres es aún menor, y se sitúa alrededor del 11 % de media.

PARA GANAR LO MISMO QUE LOS HOMBRES, TENDRÍAMOS QUE TRABAJAR DOS MESES MÁS AL AÑO

Cuando se acerca el final del año siempre aparece el mismo tipo de noticia: «A partir de hoy, las mujeres empiezan a trabajar gratis». Es un titular superefectivo, porque plasma muy bien lo que significa la brecha salarial. Y es que ya ha quedado claro que mujeres y hombres cobramos diferente por exactamente el mismo trabajo, pero el impacto de dar un porcentaje es mucho menor que contar los días extras que tendríamos que trabajar para ganar lo mismo que ellos.

DATO MATA RELATO 🔥

¿Cobramos menos porque estamos menos capacitadas? Un argumento de sectores machistas es que las mujeres estamos menos capacitadas, por eso no ascendemos y tenemos salarios más bajos. Pero cuando vamos a los datos, vemos que en México el 52 % de todas las matriculaciones universitarias son de mujeres y el 57 % de todas las titulaciones también son para mujeres, según la Agenda Estadística UNAM de 2022. Es decir, nos matriculamos más y nos graduamos más que ellos. Cada año el porcentaje de mujeres con carreras universitarias es mayor, superando a los hombres. Así que las mujeres estamos más formadas, más capacitadas, pero tenemos peores salarios que los hombres.

Y aquí está el dato: en México, para ganar lo mismo que los hombres, las mujeres tendrían que trabajar dos meses más al año. O lo que es lo mismo, tendríamos que trabajar 35 días al mes (algo imposible) para que hubiese igualdad salarial, según datos de la Organización Oxfam de 2021, basados en cifras del Observatorio de Trabajo Digno de Acción Ciudadana Frente a la Pobreza.

Estos datos reflejan que las mujeres ganan en promedio 5.029 pesos, mientras que los hombres 5.825 pesos por mes por una jornada completa, lo que significa una brecha salarial de 797 pesos mensuales.

Esto no es algo que pase solo en México, es una tendencia mundial. Según los datos de Eurostat de 2022, en la Unión Europea las mujeres cobran una media de 13 % menos que los hombres, lo que equivale a 47 días de trabajo gratis, prácticamente un mes y medio de sueldo. Y España se situaría en el octavo puesto de la Unión Europea con la brecha salarial más baja. Cuando hacemos comparaciones entre países hemos de tener mucho cuidado, no todos registran correctamente los salarios por sexo y aspectos como el porcentaje de mujeres que trabajan pueden distorsionar mucho los datos.

1 DE CADA 6 NIÑAS VIVE EN CONDICIONES DE EXTREMA POBREZA

La pobreza no afecta igual a hombres que a mujeres. Esta es la conclusión a la que llegó Diana Pearce en los años setenta, la primera investigadora en usar el concepto «feminización de la pobreza» en su estudio *The Feminization of Poverty: Women, Work, and Welfare*. Y esto es llamativo, porque solo hace 50 años que se analizan las condiciones materiales desde una perspectiva feminista.

Las mujeres, en general, tenemos menos poder adquisitivo que los hombres. Sucede así en todo el mundo, no importa el continente, el país o la ciudad que se considere. Y va más allá, porque también tenemos más probabilidades de ser pobres o extremadamente pobres. La feminización de la pobreza significa que el 70 % de las personas pobres en el mundo son mujeres, según datos de UNICEF y del Banco Mundial de 2023.

Y no solo eso, 1 de cada 6 niñas en el mundo vive en condiciones de extrema pobreza. Esta realidad es demoledora porque merma nuestro desarrollo individual, ya que implica no poder satisfacer nuestras necesidades básicas; también hace que no tengamos independencia económica, y que necesitemos depender de otra persona, generalmente de hombres; además, afecta a nuestro nivel educativo, al acceso a servicios médicos, al abastecimiento de comida, vivienda, agua potable o electricidad.

A toda la gente que niega el machismo les preguntaría si realmente creen que es casualidad que en todos los países del mundo las mujeres sean más pobres que los hombres. Si no existe una estructura que otorga privilegios a los hombres y oprime a las mujeres, ¿cómo se explica esta realidad?

EL DATO QUE TE PETA LA CABEZA

Cuando pensamos en pobreza, automáticamente nos imaginamos algún país africano, pero al poner la lupa en España vemos que **en 2022 el riesgo de pobreza afectaba al 26 % de la población,** y esto son más de 12 millones de personas en riesgo de pobreza o de exclusión social. Además, si aplicamos una mirada feminista, encontramos que el 27 % de las mujeres está en riesgo de pobreza, frente al 25 % de hombres. El 8 % se encuentra en un nivel de pobreza extrema, que segregado por sexos sería del 8 % en las mujeres y del 7 % en los hombres.

LAS MUJERES REALIZAN EL 66 % DEL TRABAJO MUNDIAL

Amnistía Internacional lo tiene claro: en 2023, **las mujeres realizan el 66 % del trabajo en el mundo y producen el 50 % de los alimentos, solo reciben el 10 % de los ingresos y poseen el 1 % de la propiedad.** Esta es la mejor explicación que se puede dar con datos sobre el lugar que ocupamos en el mundo. No es que no trabajemos y por eso nos afecte más la pobreza, sino que, aunque produzcamos, seguimos siendo pobres.

Esta situación está más que documentada: el informe *Progreso en los Objetivos de Desarrollo Sostenible: el panorama de género 2023*, elaborado por ONU Mujeres y UNDESA, indica que **más de 340 millones de mujeres y niñas vivirán en pobreza extrema en 2030** (eso es el 8 % de las mujeres del mundo). Y el 25 % pasará hambre o deficiencia alimentaria. En el caso de la extrema pobreza en hombres y niños se estima que en 2030 serán 131 millones, un tercio en comparación con las mujeres.

Al final es un círculo vicioso: **la opresión social y de derechos que sufrimos las mujeres incrementa la probabilidad de pobreza.** Y la pobreza aumenta los diferentes tipos de opresión: provoca más desigualdad, nos hace dependientes, nos excluye del sistema, impide nuestro desarrollo personal y perjudica nuestra calidad de vida. Y esto es algo mundial y estructural que solo se explica si aceptamos que el patriarcado reduce a las mujeres a ciudadanas de segunda.

EL DATO QUE TE PETA LA CABEZA

El mismo informe de ONU Mujeres y UNDESA de 2023 aporta muchos más datos: por cada dólar que ganan los hombres a nivel mundial, las mujeres obtienen únicamente 51 centavos. Mientras que el 90 % de los hombres están dentro del mercado laboral en el mundo, solo lo están el 61 % de las mujeres. Y pensaréis: ¿cómo puede ser, si según el mismo informe, nosotras realizamos el 66 % del trabajo del mundo? Básicamente porque el trabajo que hacemos queda fuera de los circuitos legales. Vamos, que somos las que (involuntariamente) sustentamos la economía sumergida.

LAS MUJERES JÓVENES SIN HOGAR CRECEN UN 36 % EN LA ÚLTIMA DÉCADA

El número de personas sin hogar en España ha aumentado un 25 % en estos últimos 10 años. Según datos de 2022 de la Encuesta de Personas sin Hogar del INE, hay registradas 28.552 personas en esta situación. Aunque las asociaciones y centros especializados alertan de que son muchísimas más. Los datos nos muestran una realidad devastadora: el 29 % no tiene hogar porque ha emigrado de otro país, el 27 % porque se ha quedado sin trabajo y el 16 % a raíz de un desahucio.

Hablar de personas sin hogar es referirnos principalmente a hombres, que representan el 77 % del total. Aun así, el Instituto de la Juventud alerta que **las mujeres jóvenes menores de 29 años sin hogar han crecido un 36 %**, siendo de los colectivos con una subida mayor.

Siempre me he hecho la misma pregunta: **si nosotras somos más pobres y cobramos menos, ¿cómo puede ser que el sinhogarismo afecte principalmente a hombres?** La CNT publicó en 2023 el artículo «Mujeres y sinhogarismo, invisibilizadas por el sistema», donde lo explican con detalle. Existen dos principales razones: las redes de apoyo y la peligrosidad de vivir en la calle. Las mujeres tendemos a tejer más redes familiares y de apoyo, y eso hace que, en una situación límite donde nos quedamos sin hogar, tengamos un teléfono al que llamar y ser acogidas.

Respecto a la peligrosidad, **para las mujeres vivir en la calle tiene un extra de riesgo**: agresiones, insultos, discriminación, violencia física, sexual y asesinatos machistas. Por no hablar de la probabilidad de acabar siendo víctima de trata. Hay toda una capa de violencia machista que solo nos afecta a nosotras.

EN EL TERRENO DE LAS IDEAS

Desde 2014, Barcelona implementa el proyecto Housing First del **programa Hábitat: consiste en dotar de una vivienda a las personas sin hogar como primera medida de todo un proceso.** Hasta ahora, los itinerarios para personas sin hogar consistían en una serie de metas: desintoxicarse, vivir en albergues comunitarios, hacer sesiones con asistencias sociales... Y, al final de todo, si se cumplían unos requisitos estrictos, se les proporcionaba una vivienda. Ahora el nuevo enfoque empieza por el final: para que se pueda producir una rehabilitación y reinserción, primero se necesita disponer de un hogar y de autonomía.

5

MATERNIDAD Y CUIDADOS

La maternidad es un tema central para las mujeres y para el feminismo, tanto si eres madre como si no, tanto si quieres serlo como si no. Muchas teorías han conceptualizado la maternidad como un elemento clave para entender la opresión de la mujer, el origen del patriarcado y la división sexual del trabajo.

Sobre la maternidad existen capas y capas de presiones culturales, expectativas y proyecciones, basadas muchas veces en una idealización que se ha impuesto en la narrativa hegemónica. ¿Qué significa ser madre en esta sociedad? ¿Qué implicaciones tiene maternar? ¿Cómo impacta en el desarrollo de nuestra identidad?

Y no solo eso, una derivada crucial es el camino de cuidados y obligaciones que recaen principalmente sobre nosotras. Muchas veces normalizamos dinámicas porque «siempre ha sido así», pero cuando cuantificamos esa desigualdad vemos lo flagrante que es el peso con el que cargamos. También abordaremos otros temas centrales que giran en torno a nuestra capacidad reproductiva, como el derecho al aborto, algo central para el feminismo, así como los vientres de alquiler o la violencia obstétrica, que sigue a la orden del día.

En este capítulo veremos **16 razones para seguir combatiendo el machismo que envuelve a la maternidad y las implicaciones de ser madre en esta sociedad**.

LA TASA DE NATALIDAD CAE UN 40 % EN LOS ÚLTIMOS 30 AÑOS EN MÉXICO

En 2020 nacieron 1.629.211 bebés en México, y la tasa de fecundidad, el número medio de hijos e hijas por mujer, es de 1,91. Alerta: cuando este número es inferior a 2,1 por mujer ya no se puede garantizar la tasa de reemplazo, con lo cual se desestabiliza la pirámide de población (la base cada vez será más pequeña).

El tema es que la tasa de natalidad ha caído un 40 % en los últimos 30 años en México. En 1990 nacieron 2.735.312 y la tasa de fecundidad era de 3,45. Muchas veces cuando se habla de la caída de la tasa de natalidad se hace con cierto dramatismo y un tono acusador hacia las mujeres: **«Va a desaparecer la humanidad por vuestra culpa».**

¿Nadie se ha planteado que si no tenemos hijas o hijos es principalmente por motivos económicos? No es que las mujeres hayamos hecho un complot contra la raza humana para extinguirla, **es que no se cumplen las condiciones necesarias para poder maternar**. Si realmente se quieren hacer políticas activas para fomentar la natalidad, lo primero que hay que incidir es en las condiciones económicas.

Antes la maternidad era socialmente obligatoria, frases como: «Te realizas como mujer cuando eres madre» o «ser madre es lo mejor que te va a pasar en la vida». Cuando una mujer no tenía hijas o hijos era extraño. Y lo cierto es que la romantización de la maternidad ha silenciado parte de una realidad que no era tan bonita. **¿Cómo vamos a tener hijas si no podemos pagar el alquiler?** ¿Si no podemos conciliar? ¿Si tenemos contratos basura?

EL DATO QUE TE PETA LA CABEZA

Esto es una tendencia bastante global, no solo mexicana: los países con la fecundidad más baja del mundo son Taiwán (con 1,09 hijas e hijos por mujer), seguido de Corea del Sur, Singapur, Macao, Hong Kong, Italia y Puerto Rico. Aquí vemos que tenemos representación de prácticamente todos los continentes. Mientras que los países con la tasa más elevada son: Níger con 6,91, seguido de Angola con 5,90 y República Democrática del Congo con 5,70.

EL 33,4 % DE LAS MUJERES SUFRIÓ ALGÚN TIPO DE MALTRATO EN EL PARTO EN MÉXICO

Millones de mujeres en México han sufrido violencia obstétrica, un problema grave que **afectó al 33,4 % de mujeres que dieron a luz entre 2011 y 2016**. Es decir, 1 de cada 3 mujeres ha sufrido algún tipo de maltrato durante su parto, según investigaciones del Instituto Nacional de Salud Pública (INSP) realizadas en 2020.

Los estados con más casos reportados son Ciudad de México, Tlaxcala, Morelos y Querétaro. Pero realmente, **¿en qué consiste la violencia obstétrica?** Esta forma de violencia machista se manifiesta en maltratos físicos y verbales, y es una violación directa a los derechos reproductivos y sexuales de las mujeres.

La violencia obstétrica incluye prácticas como la cesárea sin justificación o que no te consulten ni te informen debidamente sobre tu proceso de parir. **Para los médicos es una labor rutinaria**, **pero para nosotras es una experiencia única** que, muy probablemente, nos marcará durante toda nuestra vida.

En México, **a más del 10 % de las mujeres que se sometieron a una cesárea no se les explicó la razón**, y casi el mismo porcentaje no dio su consentimiento. Testimonios desgarradores hablan de mujeres que ni siquiera pudieron averiguar por qué murieron sus bebés o fueron obligadas a firmar documentos sin explicaciones claras.

Las mujeres nos enfrentamos **a un amplio abanico de abusos en los hospitales**, desde humillaciones y maltratos hasta la imposición de métodos anticonceptivos y la violación de su privacidad. A veces, incluso son retenidas junto a sus recién nacidos por no poder pagar los servicios. Es urgente seguir luchando por una sociedad donde todas las mujeres vivan libres de violencia.

EL DATO QUE TE PETA LA CABEZA

Pero la violencia obstétrica es mucho más amplia, según datos del estudio *Caracterización de la violencia obstétrica en hospitales públicos de la Secretaría de Salud de la Ciudad de México*, realizado por investigadoras de los Departamentos de Salud, Psicología, Derecho y Estudios Internacionales de la Universidad Iberoamericana. Solo el 55 % de los bebés son entregados de forma inmediata a su madre, esto es crucial porque marca el inicio de la integración entre madre y bebé desde los primeros instantes de vida.

9 DE CADA 10 MADRES SE SIENTEN JUZGADAS CON FRECUENCIA

¿Es que no le vas a dar el pecho? Pero ¿cómo le das el pecho hasta los 3 años? ¿Cómo puede ser que no te salga leche? ¿Que no haces colecho? ¿Que sigue durmiendo en tu cama? ¿Que no le dices que no a nada? ¿No lo castigas demasiado? Podría llenar todo el libro con estas preguntas acusatorias. Da igual lo que hagas, no importa. **Actúes como actúes, siempre te va a perseguir el fantasma de ser mala madre.**

Esto viene avalado por los datos, **9 de cada 10 mujeres se sienten juzgadas como madres**. Es la conclusión del estudio *No eres menos madre*, realizado por Malasmadres en 2023, donde han participado más de catorce mil mujeres. Los conceptos de estrés, presión, expectativas o juicio externo son las diversas facetas de lo que implica la maternidad en esta sociedad.

Pero ¿de dónde viene exactamente esta presión? **8 de cada 10 mujeres identifican que las críticas son por parte de la propia familia.** Algo que desde fuera choca enormemente, porque el entorno, que debería ser una red de apoyo y cuidados, muchas veces se convierte en el tribunal que nos somete a un examen constante. Además, el 70 % se siente culpable por no cumplir las expectativas que se esperan de ellas, esa idea de madre perfecta que todas tenemos en mente y que acaba funcionando como una cárcel.

Además, la idea de «perfección» no es única ni estable en el tiempo, algo que aún **genera más confusión y mensajes contradictorios**: si entendemos la maternidad como eje central de nuestra vida, mal, porque estamos descuidando nuestro trabajo e identidad. Y, si no lo priorizamos, también mal. ¿Creéis que algún día los hombres recibirán toda esta presión?

INDAGANDO QUE ES GERUNDIO

No le deseamos esa presión a nadie. Lo que sí que deseamos y exigimos es una corresponsabilidad real. **Que el peso que implica maternar sea el mismo que el de paternar.** En el mismo estudio de Malasmadres, se concluye que al 54 % de las mujeres lo que más les afecta es no poder dedicarle suficiente tiempo a sus hijas o hijos, debido a la conciliación con el trabajo. Y al 65 % de ellas les afecta la carga mental y física en las tareas del hogar.

EL 10 % DE MUJERES NO QUIEREN SER MADRES

Las mujeres sufrimos muchísima presión con la maternidad, es un asunto que nos atraviesa profundamente y, **aunque no seas madre ni quieras serlo, no te libras de toda esta movida.**

Aunque se hable poco, es importante visibilizar que el 10 % de las mujeres españolas no quieren ser madres según datos de RTVE de 2023. En el reportaje de esta cadena televisiva explican que **anunciarle al mundo tu negativa a ser madre supone un aluvión de comentarios**: «te vas a arrepentir», «se te va a pasar el arroz», «ya cambiarás de opinión», «yo a tu edad tampoco lo tenía claro», «no sabes lo que te pierdes», «ser madre es lo mejor que te va a pasar en la vida» o «qué egoísta eres».

Aunque el volumen total de mujeres que no será madre es mucho mayor, alrededor del 25 % de las mujeres, ya sea por motivos de fertilidad, situaciones personales o económicas, existen cuatro motivos principales para postergar la decisión de ser madre o directamente rechazarla, según datos de una encuesta de GFK. El 36 %

apunta a la dificultad de conciliar, el 40 % afirma que es por temas económicos, el 37 % por no tener pareja o no ser la adecuada y **el 61 % declara que lo ve como una pérdida de libertad y que dejarán de tener tiempo para ellas mismas.**

Sigue existiendo un estigma muy fuerte que rodea a las mujeres que deciden no ser madres: desde egoístas hasta inmaduras, mujeres que solo piensan en ellas o que huyen «de la vida adulta». **Si la maternidad es una decisión libre, se debería respetar socialmente la decisión de no serlo.**

EN EL TERRENO DE LAS IDEAS

Me encantaría recomendar una TedTalk que podéis encontrar por YouTube y se llama **«No quiero ser madre», de Laura García Andreu,** donde, a partir de su experiencia de decidir no ser madre, reflexiona sobre el instinto maternal, el supuesto reloj biológico y el estigma social y la presión que sufren las mujeres que rechazan tener hijas o hijos. Ella es directora y guionista del documental *[M]otherhood*, donde aborda todo esto de forma más extensa.

EL 13 % DE LAS MUJERES QUE DAN A LUZ SUFREN DEPRESIÓN POSPARTO

Otro de los temas que atraviesa la maternidad y del que no se habla lo suficiente, ni se toman medidas oportunas para atajarlo, es el impacto en nuestra salud mental. Según datos de la OMS, a fecha de 2023, **el 13 % de las mujeres de todo el mundo que acaban de dar a luz sufren algún tipo de problema de salud mental, especialmente depresión**. Y, cuando ponemos la lupa en países occidentales, esta cifra asciende hasta el 20 %.

¿Qué es exactamente la depresión posparto? Tanto el embarazo como el parto y el posparto son momentos de profundos cambios biológicos, emocionales, hormonales y anímicos. No nos olvidemos de que estamos hablando de crear vida, gestarla y parirla. Me lo imagino como una montaña rusa gigante, donde el parto sería el punto más alto y después viene una caída a gran velocidad, principalmente de estrógenos y progesterona.

Según Susana Amodeo, doctora en Psicología y psicóloga clínica, este proceso incluye: sensación de tristeza extrema, poca energía, ansiedad, frustración, irritabilidad y cambios de sueño. Claro, cuando nos han vendido el relato del parto perfecto, feliz y alegre, y de que después de eso nos «realizaremos como mujeres», las expectativas están por las nubes. **Nadie nos prepara para experimentar sentimientos de tristeza, angustia o hasta entrar en un proceso depresivo al empezar nuestra maternidad.**

INDAGANDO QUE ES GERUNDIO

Que quede claro, la depresión posparto y la tristeza posparto no son lo mismo. **Hablar de salud mental no siempre es fácil, ya que como sociedad partimos de una base muy escasa.** La tristeza posparto, popularizada en Estados Unidos como *baby blue*, implica alteraciones leves en el estado de ánimo, preocupación, infelicidad y agotamiento en las mujeres que acaban de dar a luz, durante las primeras semanas. Según el artículo científico «Depresión posparto, un problema de salud pública mundial», publicado por la PAHO en 2018, el 56 % de las mujeres latinoamericanas experimentan tristeza posparto. ¿Cuándo se empezará a abordar con la importancia que requiere?

CADA 5 DÍAS DESPIDEN A UNA MUJER EN MÉXICO POR ESTAR EMBARAZADA

¿Creéis que la maternidad impacta negativamente en vuestro trabajo? Es un poco paradójico que la sociedad nos empuje a ser madres pero, a la vez, recibamos un «castigo social» por tomar esta decisión. La incorporación de la mujer en el mercado laboral llevaba una trampa implícita: a partir de ese momento, tenemos una doble carga de trabajo. Nuestro empleo remunerado y toda una serie de trabajos de cuidados no pagados.

Y todo esto no son intuiciones o hechos aislados, los datos nos demuestran esta realidad: la discriminación laboral por ser mujeres existe. Por ejemplo, cada 5 días despiden a una mujer en México por estar embarazada. Estos datos salen de un informe del Consejo Nacional para Prevenir la Discriminación (Conapred), donde se recogieron todas las quejas entre enero de 2011 y marzo de 2020. En total recibieron 723 reportes por esta causa, siendo la queja más frecuente de todas.

Además, según la Encuesta Nacional sobre la Dinámica de las Relaciones en los Hogares (Endireh), al 13 % de las mujeres en edad reproductiva que han trabajado o solicitado un trabajo les han pedido un certificado de no embarazo para contratarlas, las despidieron por embarazarse, no les renovaron el contrato o les rebajaron el salario.

Aquí la cuestión es, ¿qué hay detrás de esta pregunta? Lo que oculta todo esto es perjudicar a las mujeres que desean ser madres porque, claro, al empresario supuestamente le perjudica que una mujer se acoja a su derecho de una baja por maternidad. Curiosamente, no parece perjudicarle que un hombre se coja una baja por paternidad. Será que la sociedad da por hecho que seremos nosotras las que nos encargaremos de los cuidados. Es así de simple: el mercado laboral nos penaliza si queremos traer bebés al mundo.

EL DATO QUE TE PETA LA CABEZA

Un caso paradigmático es la multa que recibió Iberia en 2017 por exigir un test de embarazo a las aspirantes a azafatas. La Consejería de Trabajo de España multó con 25.000 a esta aerolínea, ya que entendió que esta exigencia era una discriminación laboral muy grave. No solo era obligatorio hacerse un test de embarazo, sino que si estabas embarazada, casualmente, ya no te contrataban. Esto claramente era ilegal, pero hasta que no vino una Inspección de Trabajo no dejaron de hacerlo.

MÁS CESÁREAS QUE PARTOS NATURALES EN MÉXICO DURANTE LA PANDEMIA

Lo normal sería que las mujeres fueran las protagonistas en todo el proceso de embarazo y gestación, ¿no? Cada parto es un mundo, cada mujer es distinta y cada proceso es único; y el sistema sanitario debería adaptarse a cada situación y no al revés. La realidad es que en muchos casos los tiempos y métodos se adaptan a las necesidades de los médicos. Esto tiene un nombre y se llama violencia obstétrica.

¿Cómo se explica que en México el número de cesáreas sea mayor que los partos naturales? Y sí, aunque parezca mentira esto ocurrió en plena pandemia. En 2020, por primera vez desde que se recogen datos, el volumen de cesáreas superó al de partos naturales y llegó a ser más de 50 %, de acuerdo con datos preliminares del Subsistema de Información sobre Nacimientos (SINAC) de la Secretaría de Salud. Es decir, en ese año hubo más cesáreas que partos naturales.

Y no hace falta irse a un periodo excepcional, como fue la pandemia por covid. En general, **México tiene una de las tasas más altas de cesáreas en el mundo**. Según la Encuesta Nacional de Salud y Nutrición (ENSANUT) de 2019, aproximadamente el 45 % de los nacimientos en el país son por cesárea, superando ampliamente la recomendación de la Organización Mundial de la Salud (OMS), que sugiere que la tasa no debería ser superior al 15 % de todos los nacimientos.

¿Por qué ocurren tantas cesáreas en México? ¿Realmente todas eran necesarias? Que quede claro, no toda cesárea es violencia obstétrica. Pero sí que se consideran todas aquellas que eran innecesarias. Esto al final es evidencia de la deshumanización que sufrimos las mujeres en nuestros partos. ¿Realmente hemos de ser nosotras las que nos adaptamos a la agenda de turno de los facultativos? ¿O debería ser el sistema el que respete y vele por nuestros procesos naturales?

DATO MATA RELATO

Más datos sobre México: en los hospitales públicos el 40 % de todos los partos son por cesárea, mientras que en los privados representan el 80 %. Es decir, se produce exactamente el doble de cesáreas. Qué extraño, ¿no? La razón: en los hospitales públicos no se permite que las mujeres programen su fecha de parto o escojan el método, a menos que haya indicaciones médicas. En la privada, parece que los intereses económicos van por encima de todo y, claro, yo me pregunto, ¿cuántas de todas esas cesáreas eran realmente necesarias?

EL 45 % DE LA POBLACIÓN DE MÉXICO ESTÁ A FAVOR DE DESPENALIZAR EL ABORTO

El aborto representa una de las grandes consignas para la lucha feminista. Aunque en algunos países del mundo ya se ha conquistado este derecho, en muchos otros sigue siendo todo un reto. **En México la Suprema Corte aprobó la despenalización del aborto en 2023**, así que los hospitales públicos los pueden realizar sin criminalizar al personal médico.

¿Qué pasa cuando las leyes están más avanzadas que la opinión pública? Vamos a los datos: **a nivel mundial, el 56 % de las personas apoya la legalidad del aborto, mientras que en México esta cifra es del 45 %.** Esta diferencia refleja una lucha continua por los derechos reproductivos de las mujeres en el país, donde todavía una mayoría significativa se opone al aborto legal.

Es fundamental reconocer el derecho de las mujeres a decidir sobre su propio cuerpo. Además, **las restricciones al aborto no eliminan su práctica, solo la hacen más peligrosa.** Obligar a las mujeres a continuar con embarazos no deseados puede resultar en riesgos graves para su salud. La legalización del aborto es una medida necesaria para garantizar un acceso seguro y regulado, reduciendo así las muertes y complicaciones por abortos clandestinos.

En México, las personas más jóvenes y con mayor nivel educativo tienden a apoyar más este derecho. Este apoyo entre los jóvenes refleja un cambio generacional hacia una sociedad más progresista e igualitaria. Es crucial que las políticas públicas evolucionen para reflejar estos valores, asegurando que todas las mujeres, independientemente de su contexto social y económico, tengan acceso a los servicios de salud reproductiva que necesitan y merecen.

INDAGANDO QUE ES GERUNDIO

El 24 de junio de 2022, Estados Unidos se quedó sin derecho al aborto a nivel federal. Esta es una alerta clara: los derechos no son para siempre, y aquí vemos cómo se pueden tirar para atrás. El Tribunal Supremo de Estados Unidos decidió dejar de proteger el derecho al aborto en la ya famosa sentencia Roe contra Wade. Esto no significa que se haya prohibido el aborto, sino que ha dejado de ser un derecho protegido y será cada estado el que decida qué hacer con este tema. Esto ha significado un retroceso de 50 años en ese país.

EL ABORTO ES LEGAL SOLO EN 6 PAÍSES DE LATINOAMÉRICA

La situación del aborto en América Latina es una batalla constante. A fecha de 2024, **en países como Argentina, Colombia, Cuba, Guyana, Uruguay y México, las mujeres han logrado avances significativos**, obteniendo el derecho a interrumpir sus embarazos de manera legal y segura. Estos logros son resultado de décadas de lucha incansable por parte de movimientos feministas que han confrontado sistemas legales y culturales opresivos.

Pero esto no termina aquí, en España lo hemos visto, **que el aborto esté despenalizado a nivel legal no significa que no haya trabas para realizarlos**. Por ejemplo, hay muchísimos hospitales donde no se practican porque todo el personal sanitario se declara en bloque objetor de conciencia, obligando a las mujeres a desplazarse centenares de kilómetros para abortar.

Pero seguimos con el caso de América Latina. En contraposición a esos países, tenemos los alarmantes y desesperantes casos de El Salvador, Honduras, Nicaragua, Haití y República Dominicana. En estos países, **el aborto está completamente prohibido bajo cualquier circunstancia, incluso si la vida de la mujer está en peligro**. Estas prohibiciones absolutas no solo violan los derechos humanos básicos de las mujeres, sino que también las obligan a recurrir a métodos clandestinos e inseguros, poniendo en riesgo su vida y su salud. Asimismo, tenemos muchos otros países donde solo está permitido para salvar la vida de la mujer, como sería el caso de Brasil o Venezuela.

La dificultad para conquistar este derecho en toda la región se debe en gran parte a la **influencia de instituciones religiosas conservadoras y a estructuras de poder patriarcales** profundamente arraigadas. Lo que se esconde detrás de esto es un control sobre la reproducción como una herramienta de opresión. Es crucial reconocer plenamente los derechos reproductivos de las mujeres y la resistencia feminista sigue siendo vital para desafiar estas injusticias y avanzar hacia una América Latina donde todas las mujeres puedan ejercer su derecho a decidir sin miedo ni repercusiones.

INDAGANDO QUE ES GERUNDIO

América Latina tiene una de las tasas de embarazos no deseados más alta del planeta (69 casos por cada 1.000 mujeres), según datos del último estudio realizado por el Guttmacher Institute de 2019. Sin embargo, su tasa de abortos está muy por debajo de otras regiones con cifras parecidas en embarazos no deseados. Entre 2015 y 2019, la tasa de abortos de América Latina fue de 44 abortos por cada 1.000 mujeres en edad reproductiva.

EL VIENTRE DE ALQUILER ES LEGAL EN 2 ESTADOS DE MÉXICO

Conquistar el derecho al aborto cuesta muchísimo, pero cuando hablamos de vientres de alquiler esto parece que al patriarcado le gusta más. Hoy en día, **los vientres de alquiler o gestación subrogada son legales en 2 estados de México: Tabasco y Sinaloa,** y no está regulada pero sí permitida en otros, como Ciudad de México. Me hubiese encantado poder dar la cifra de cuántos bebés se obtienen a través de esta práctica, pero hay una falta de transparencia absoluta. No existe esta cifra.

En México, aunque parezca increíble, **no se lleva un registro del número preciso de bebés nacidos mediante vientres de alquiler o gestación subrogada.** Mientras que, en otros países como España, esta cifra sí que existe. Y se publica el volumen de bebés que nacen de esta forma.

Aunque en México no haya datos concretos, **se ha registrado el crecimiento de esta industria que atrae a muchísimas personas de fuera del país** debido a los costos más bajos y a las condiciones legales favorables en comparación con países como Estados Unidos, así como a la posibilidad de obtener la ciudadanía mexicana para el recién nacido debido al principio de ius solis. Este principio otorga la ciudadanía a cualquier persona nacida en el territorio mexicano, lo que facilita el proceso de expatriación para los padres extranjeros.

Sin embargo, esta «ventaja» también ha generado preocupaciones y muchas críticas sobre la explotación **y la falta de protección legal adecuada para las mujeres que recurren a alquilar su vientre,** ya que la mayoría proviene de entornos vulnerables y pueden ser sometidas a condiciones desfavorables. Esto forma parte del argumentario de las feministas que estamos en contra de esta práctica: la vulneración de derechos de la madre gestante y también la compra-venta de bebés. Si con los animales lo vemos claro, ¿por qué no con las personas?

EL DATO QUE TE PETA LA CABEZA

La empresa México Subrogacy acumula muchas demandas por contratos de vientres de alquiler abusivos, y no es un caso aislado. En 2022 se denunció a esta empresa por vulnerar los derechos humanos con cláusulas como: «si la madre gestante entra en muerte cerebral, quien ha pagado puede mantenerla con vida», «tiene prohibido viajar o mantener relaciones sexuales» o «se ha de someter a todas las pruebas médicas que decida quien ha pagado».

4 PAÍSES LATINOAMERICANOS DONDE LOS VIENTRES DE ALQUILER SON LEGALES

Miguel Bosé, Ricky Martin, Nick Jonas o Cristiano Ronaldo, entre muchísimos otros, han recurrido a la práctica de vientre de alquiler o gestación subrogada. **Yo prefiero usar el término vientre de alquiler antes que gestación subrogada**, el segundo concepto me parece una forma de blanquear lo que ocurre ahí. Decirlo de forma «más suave» para que suene políticamente correcto, descafeinando lo que realmente es.

¿Cuál es la situación de los vientres de alquiler en América Latina? La situación es diversa, en algunos países como México y Colombia, es legal y está regulada en ciertas regiones, lo que ha convertido a estos países en destinos populares para la subrogación internacional debido a sus costos relativamente bajos y marcos legales más flexibles. También tenemos el caso de Brasil y Argentina, aunque no hay una regulación específica, los vientres de alquiler están permitidos bajo ciertas condiciones. Así que, en total, **tendríamos 4 países donde se produce esta práctica**.

Recordemos que los vientres de alquiler son ilegales en gran parte de América Latina, dentro de la mayoría de los países no se puede pagar a una mujer para que tenga un bebé por ti y luego registrarlo como si fuese tuyo. El vacío legal se encuentra cuando este acto, delictivo en la mayoría de los territorios, sucede en un país donde sí es legal. Así que parte del dilema está en qué hacer con esos recién nacidos, que ya existen, y si se pueden registrar o no.

Este es uno de los argumentos a favor de la legalización: entender que es algo mundial y que se tienen que garantizar los derechos de los menores de poder ser registrado. Pero en última instancia **están legitimando y fomentando un negocio que mueve muchísimo dinero a costa de los derechos de las mujeres**.

EL DATO QUE TE PETA LA CABEZA

Ucrania es el segundo país del mundo donde más se recurre a los vientres de alquiler, y después vendría Georgia y México. Principalmente por los precios, que están muy por debajo de otros países donde está permitido. La periodista Rocío Sañudo explica que la mayoría de las mujeres que recurren a alquilar su vientre son madres con problemas económicos. Si tenemos en cuenta que ser padre o madre es un deseo y no un derecho, se constata que los deseos de algunos pasan por encima de los derechos de mujeres en situación de pobreza.

EL 62% DE LAS PAREJAS QUE COMPRAN BEBÉS SON HETEROSEXUALES

Uno de los argumentos para defender los vientres de alquiler es hacer alusión a los hombres homosexuales. Como ellos no pueden tener hijos «de forma natural», su único recurso para tener hijos biológicos es recurrir a los vientres de alquiler. De esta forma, **se camufla la defensa de esta práctica con el abanderamiento de los derechos LGBT**.

Este discurso se escucha tanto que da la sensación de que la mayoría de las personas que recurren a los vientres de alquiler son parejas de hombres homosexuales. Pero, cuando vamos a los datos, vemos que no es así. En España, desde 2010 hasta 2022, **el 63% de personas que recurrieron a los vientres de alquiler eran parejas heterosexuales, el 25% parejas gais y el 13% familias monoparentales**. Estos datos provienen del Ministerio de Asuntos Exteriores y son públicos.

La realidad es que hay muy pocos países donde los vientres de alquiler sean legales y se permita acceder a familias homosexuales o monoparentales, ya que **la mayoría de las naciones tienen como requisitos ser una pareja hetero y estar casados**. Existen 10 países en el mundo donde los vientres de alquiler son legales, y lo permiten para parejas homosexuales; algunos son Canadá, México, Australia y varios estados de Estados Unidos.

No nos olvidemos: **la mejor manera de defender el deseo de los hombres gais a ser padres es mejorar los sistemas de adopción**. De esta forma no se está vulnerando ningún derecho. Y obviamente que los procesos de adopción tienen muchísimas carencias: precios por las tasas desorbitados, tiempos de espera eternos, procesos desgastantes y deshumanizantes. Y la solución a eso no son los vientres de alquiler.

DATO MATA RELATO 🔥

En 2022 se adoptaron 2.422 niños y niñas en España: 783 fueron adopciones internacionales y 1.659 nacionales, es decir, prácticamente el 70% se produce dentro del país. Pero esto antes no funcionaba así: en 2004 lo más común eran las adopciones internacionales, con 5.600 casos. **A nivel mundial empezaron a poner trabas en ese tipo de adopción y empezaron a incentivar las nacionales.** El problema: las listas de espera para las adopciones nacionales en España son eternas. Esto es algo que se puede resolver, no sirve como excusa para recurrir a los vientres de alquiler. Y es importante desmentir mitos: solo las adopciones internacionales cuestan dinero y se paga por los costes de gestión administrativa.

LA TASA DE DIVORCIO CUANDO LA MUJER ENFERMA SUBE UN 27 %

Hace un tiempo me encontré con un estudio que me impactó muchísimo. Fue publicado por la American Cancer Society en 2010, y se llama *Gender Disparity in the Rate of Partner Abandonment in Patients with Serious Medical Illness*. El informe analiza **qué pasa en matrimonios heterosexuales cuando uno de los dos contrae una enfermedad grave**, como cáncer o esclerosis múltiple.

En el aspecto técnico se estudian tres muestras diferentes: matrimonios sanos, matrimonios donde la mujer está enferma y matrimonios donde el hombre es el enfermo. Hacen un seguimiento de todas las parejas y comparan el porcentaje de divorcio entre los tres grupos. Las conclusiones son claras: **la tasa de divorcio cuando la mujer es la enferma sube un 27 % respecto a un matrimonio sano**. Cuando es el hombre el enfermo, solo sube un 3 % respecto a los matrimonios sanos.

Dicho de otra forma, **si es la mujer la que tiene un cáncer o esclerosis múltiple, la probabilidad de divorcio es 9 veces mayor que si es el hombre**. Para entender por qué pasa esto hemos de hablar de cuidados, todas sabemos que somos nosotras las que hemos sido educadas para cuidar y se nos ha encargado ese rol.

Lo interesante de este estudio consiste en ver qué pasa cuando es el hombre el que sí o sí ha de ejercer ese rol de cuidador y, además, cuando la mujer queda inhabilitada para cuidar. Y sí, es evidente que acompañar a alguien en esos procesos es muy complejo, pero, cuando te encuentras estas diferencias entre hombres y mujeres, **se confirma que las mujeres nos quedamos cuidando en situaciones bastante difíciles, mientras que los hombres salen huyendo**.

EL DATO QUE TE PETA LA CABEZA

¿Qué consecuencias tiene ser la persona que cuida de forma crónica? La Escuela Andaluza de Salud Pública publicó el estudio *El impacto de cuidar en la salud y la calidad de vida de las mujeres*, y concluye que las consecuencias físicas y psicológicas de las personas cuidadoras en casos de dependencia son muy severas. El 22 % de las cuidadoras presentan depresión o ansiedad, el 23 % afirman estar irritables o nerviosas y el 32 % admitían cuadros generalizados de tristeza y agotamiento.

LAS MUJERES MEXICANAS USAN EL 65 % DE LAS HORAS DE LA SEMANA EN LAS TAREAS DOMÉSTICAS Y DE CUIDADO

El reparto de tareas del hogar es una fuente de conflicto en cualquier tipo de convivencia: familiar, de pareja o cuando compartes piso. En concreto, cuando hay una desigualdad muy grande en el reparto, cuando toda la carga mental recae sobre una persona o cuando tu percepción sobre las tareas que haces no coincide con la realidad. **Siempre se dice que las mujeres nos encargamos principalmente de las labores del hogar, pero ¿qué nos dicen exactamente los datos?**

En 2022, según datos de Statista, las mujeres mexicanas utilizaron el 65 % de **las horas de la semana para realizar las tareas domésticas y de cuidado en los hogares**. En contraste, los hombres dedicaron el 30% de su tiempo a este tipo de actividad. Eso significa que las mujeres dedican más del doble de horas a los cuidados y tareas del hogar que los hombres. Y no solo eso, sino que las mujeres dedican más de la mitad de sus horas de la semana a este tipo de trabajo. Porque sí, aunque no esté remunerado, es un trabajo.

Obviamente el escenario ideal es un reparto equitativo de las tareas, ¿por qué las mujeres nos tenemos que hacer cargo exclusivamente del hogar? ¿Quién ha dictaminado que esas son «nuestras tareas»? Porque estas dinámicas desiguales están supernormalizadas, el típico *«mi marido ayuda en casa»*. Y no, tu marido no te «ayuda», porque ambos deberían tener la misma responsabilidad sobre el cuidado del hogar. Hay algo que está claro, si a ti te gusta más cocinar y a tu pareja le gusta más fregar los platos, no hace falta que hagáis exactamente lo mismo, pero el cómputo total debería ser lo más igualitario posible.

DATO MATA RELATO 🔥

Según el Centro de Estudios Legislativos para la Igualdad de Género del Congreso de la Ciudad de México, de cada 10 personas que realizan trabajo de cuidados y doméstico, sin remuneración, 8 son mujeres. Además, el valor del trabajo doméstico supondría un 24% del PIB mexicano, si realmente estuviese remunerado, las mujeres seríamos ricas. Si nos centramos en el tipo de tarea en concreto: las mujeres aportan un 62 % del cuidado en general, un 68 % a la limpieza, un 70 % a la preparación de alimentos y un 82 % al cuidado de la ropa, la tarea más desigual de todas.

LAS MUJERES DEDICAN 4 HORAS Y 25 MINUTOS AL DÍA A LOS CUIDADOS

Poner en valor los cuidados implica cuantificar cuánto tiempo le dedicamos al día, cuánto invertimos en hacer un trabajo que muchas veces es invisible y no se valora. Todas sabemos o intuimos que los cuidados recaen sobre nosotras, pero parece ser que el sistema es reticente a cambiar estas dinámicas. Y no será porque no haya millones de datos que demuestran lo injusto que es y la doble carga que supone para las mujeres.

Las mujeres dedicamos una media de 4 horas y 25 minutos al día a los cuidados, mientras que los hombres dedican 1 hora y 23 minutos, según datos del INE de 2021. Cuando hablamos de cuidados nos referimos a tareas del hogar, cuidado de los hijos o hijas, o de personas dependientes a cargo. Esto genera una doble carga laboral para nosotras, y ya no solo es que no esté pagado, lo más grave es que socialmente no se entiende como un trabajo, sino como nuestro deber como mujeres. **Se da por hecho que quienes cuidaremos somos nosotras, es lo que se espera de las mujeres y encima lo haremos con una sonrisa.**

Más datos, según la Organización Internacional del Trabajo, en 2019, **las mujeres realizaron el 76 % de todo el trabajo de cuidados no remunerado a nivel mundial,** y eso implica que le dedicamos el triple de tiempo que los hombres. Ellos tienen tres veces más tiempo que nosotras para hacer otras cosas, como ocio, descanso, trabajo remunerado. Claro, luego miramos la brecha salarial y es gigante, ¿por qué será?

EL DATO QUE TE PETA LA CABEZA

Quizá si hablamos en términos de dinero, el capitalismo le presta más interés al asunto: según las estimaciones de la OIT (Organización Internacional del Trabajo), cada día se dedican 16.400 millones de horas a cuidados no remunerados. Esto implica **2.000 millones de personas trabajando una jornada laboral cada día sin recibir ni un solo euro.** ¿Qué pasaría si esto se pagase con el salario mínimo? Pues que estaríamos hablando del 9 % del PIB mundial de 2019, unos 11 billones de dólares.

EL 29 % DE MUJERES HA DEJADO DE TRABAJAR POR CUIDAR

Continuamos con más datos que ilustran el sacrificio que hacemos las mujeres para ejercer nuestro rol de cuidadoras. Cuando digo «nuestro rol» no es porque corra por nuestras venas, sino porque nos lo han impuesto socialmente. Existe toda una **idealización del sacrificio**, como si fuese un acto supremo de amor, y esto lo vemos claro cuando hablamos de cuidados y mujeres.

Según el estudio *Las mujeres y los hombres, hoy. ¿Igualdad o desigualdad?,* de Laura Sagnier, publicado en 2023, **el 29 % de las mujeres han dejado de trabajar en algún momento para cuidar, frente al 7 % de los hombres**. Aquí nos referimos a literalmente dejar el trabajo. Y es que, claro, cuando no llegas a todo tienes que dejar de hacer ciertas cosas. Entre un trabajo exigente, unas hijas o hijos que demandan muchísima atención y hacerle de madre a tu marido, ¿a qué renunciarías primero? **¿Cuánto tiempo te estás dedicando a ti?**

Porque al final el tiempo es limitado y, cuando estamos sobrepasadas de responsabilidades, acabamos haciendo una negociación con nosotras mismas y, casualmente, la opción más frecuente es renunciar al trabajo. También, en muchos casos, a nuestra carrera, nuestras metas, nuestros sueños. Y, en última instancia, a **nuestra independencia económica**.

Por eso hay datos que cuando los ponemos juntos cobran todo el sentido del mundo: **el 79 % de los hombres creen que ser padre es lo mejor que les puede pasar**; frente al 68 % de las mujeres que piensan eso de la maternidad. Claro, si para ti la paternidad es jugar con tu hija o hijo de vez en cuando, pues normal que sea algo supermegaguay.

INDAGANDO QUE ES GERUNDIO

Un mantra que escucho mucho y me da especial rabia es el que dice que «las mujeres cuidamos mejor» y que estas tareas recaen sobre nosotras porque tenemos un arte especial para hacerlas. Y aquí pienso: **«Paco, si eres capaz de programar un ordenador cuántico, ponte también a hacer biberones y lavadoras».** Según los datos, el 88 % de hombres y el 86 % de mujeres creen que los padres son igual de capaces de cuidar de los hijos e hijas que las madres. Ya basta, busquemos una corresponsabilidad real y equilibremos la balanza, porque ni nosotras tenemos un don especial para hacer listas de la compra ni ellos son lerdos. Es una cuestión de interés y responsabilidad, no de capacidades.

63

SALUD, SALUD MENTAL Y VIOLENCIA ESTÉTICA

Incluso en el terreno de la salud ha echado raíces el machismo. A lo largo de la historia, **las mujeres hemos sido excluidas de los estudios científicos y médicos**, tanto en su elaboración como en los ensayos clínicos.

Hoy en día, esto sigue siendo una realidad: desde la menstruación y la menopausia hasta la endometriosis o el clítoris, **los «asuntos de mujeres» se han estudiado tarde y poco**. Como sociedad seguimos teniendo muy poca información y se siguen haciendo virales vídeos de hombres que se preguntan cómo pueden mear las mujeres con un tampón puesto.

Si nos adentramos en la salud mental, la diferencia aún es más flagrante. ¿Cómo puede explicarse que la depresión y la ansiedad afecten principalmente a mujeres? ¿Por qué los trastornos de conducta alimentaria nos atraviesan mayoritariamente a nosotras? ¿Qué dicen los datos sobre la violencia estética?

En este capítulo haremos un repaso por **24 datos que evidencian la desigualdad que sufrimos las mujeres en el terreno de la salud y la salud mental**: hablaremos de los síntomas de los infartos, de la menstruación, de depresión, de autoestima, de percepción corporal, de anorexia y bulimia, de operaciones estéticas, maquillaje, *skincare* o depilación.

MUEREN DE INFARTO EL DOBLE DE MUJERES QUE DE HOMBRES

Aunque parezca ficción, **las mujeres hemos sido excluidas de los estudios científicos durante gran parte de la historia**, tanto en su elaboración como en ensayos clínicos. La historia de la medicina ha consistido en hombres estudiando a hombres. ¿El argumento? Por el ciclo menstrual, las mujeres tenemos muchos cambios hormonales y eso hacía que costara aislar los efectos de los medicamentos. Claro, mejor desconocer cómo afectan a nuestro cuerpo.

No nos hemos dado cuenta de esto hasta ahora que se ha demostrado lo sesgado que está todo el conocimiento médico y científico que hemos adquirido. Un gran ejemplo son los síntomas de los infartos. En España, entre 2005 y 2015, **la tasa de mortalidad por infarto ha sido del 18 % en mujeres y del 9 % en hombres**. Es decir, las mujeres tenemos el doble de posibilidades de morir por infarto que los hombres.

Estos datos se han obtenido a partir de todas las hospitalizaciones por infarto en el Sistema Nacional de Salud, a partir de un estudio de la Sociedad Española de Cardiología. ¿Por qué pasa esto? Básicamente porque **siempre que se han estudiado los síntomas de un infarto ha sido con hombres**. Y sí que es cierto que hay síntomas que son comunes: presión en el pecho o dolor en el brazo izquierdo, pero existen muchos otros que solo aparecen en mujeres, como náuseas o sudores fríos.

Hombres y mujeres somos diferentes genética, hormonal y físicamente. Tiene todo el sentido del mundo pensar que habrá enfermedades que nos afectarán de forma diferente. La doctora Antonia Sambola, del servicio de Cardiología de Vall d'Hebron, afirma que **las mujeres tardan más tiempo en identificar que están sufriendo un infarto**, aguantan más el dolor, minimizan los síntomas y acuden más tarde al médico.

EL DATO QUE TE PETA LA CABEZA

Solo el 39 % de mujeres sabrían identificar si tienen un infarto frente al 57 % de hombres, según el estudio *Hombres y mujeres ante un IAM (infarto agudo de miocardio), ¿actuamos diferente?*, presentado en el Congreso SEC de las Enfermedades Cardiovasculares de 2017. Y no solo no lo identificamos, sino que tardamos mucho más en reaccionar. Las mujeres tardaron de media 237 minutos en llegar al servicio de Urgencias desde el inicio del dolor, mientras que los hombres emplearon 98 minutos en ello.

HASTA 2005 NO SE SUPO CÓMO ERA EL CLÍTORIS

¿Os imagináis que los médicos no supieran cómo es el corazón? ¿O que no les interesara conocer exactamente el funcionamiento de los riñones? ¿Cómo os quedáis al leer que hasta 2005 no se supo exactamente cómo era el clítoris en su totalidad? La uróloga **Helen O'Connell cartografió el clítoris al completo por primera vez en 2005**. Su trabajo consistió en hacer resonancias magnéticas y estudiar tejido donado a la ciencia. Gracias a ello se pudo dibujar al completo el mapa del clítoris y saber cómo funciona realmente por dentro.

¿No os parece muy fuerte que no se conociese bien un órgano tan importante para nosotras? Hasta ese momento, y promovido por la cultura popular, se pensaba que el clítoris era algo pequeño, como un botón escondido que necesita de instrucciones para llegar hasta él. Siempre hemos escuchado el chiste de **«qué complicado es encontrar el clítoris»**. Está claro que si no se estudia ni hay interés científico, difícilmente saldremos de ahí.

Gracias a ese estudio se supo que solo un 10 % de este órgano es visible, el glande, y que en total tiene más de 10.000 fibras nerviosas. Además, es un órgano eréctil, eso significa que cuando se estimula se llena de sangre y crece de tamaño entre 9 y 11 centímetros en el interior. Si os fijáis, no es tan distinto al funcionamiento del pene. Sin embargo, es increíble lo distinta que es la forma en la que ambos se tratan.

Alguna vez has escuchado la típica pregunta de **¿eres vaginal o clitoriana?**, aludiendo a una distinción de orgasmos dependiendo de dónde te estimulen. Pues, chicas, esta división no existe. Solo existe un tipo de orgasmo, pero hay muchas formas de llegar hasta él. Cuando se hace a través de la estimulación vaginal, realmente lo que ocurre es que se estimula el clítoris desde el interior de la vagina.

Hay tantísimas bromas sobre no encontrar el clítoris que no me cabrían en esta página, pero empezar por conseguir que la ciencia se interese por él sería una buena forma de cambiar las cosas.

EL DATO QUE TE PETA LA CABEZA

Una forma de demostrar que **la historia de la medicina nos ha obviado es analizar la web de PubMed**. Esta es una página web pública y el repositorio más grande del mundo de artículos científicos, que recoge más de 36 millones de publicaciones. Si buscamos el término «pene» encontramos 54.945 artículos relacionados, mientras que si buscamos «clítoris» tan solo hay 2.695 resultados.

EL 42 % DE LAS MUJERES CON CÁNCER PIERDEN CASI TODOS SUS INGRESOS

En 2023, cada 15 minutos se diagnostica un cáncer de mama en España, convirtiéndose en el cáncer más frecuente en mujeres. Y el 80 % de ellas sobrevivirán. Lo más importante de todo es detectarlo a tiempo para evitar complicaciones o metástasis.

Las pautas médicas nos dicen que si tienes menos de 35 años lo ideal es hacer exámenes ginecológicos cada 2 años. De 35 a 50 años hay que añadir mamografías cada 2-3 años. Y para las mujeres de más de 50 años las mamografías deberían ser anuales. Asimismo, en el caso de tener antecedentes familiares de cáncer de mama, la frecuencia es diferente.

¿El sistema sanitario público se puede hacer cargo de los controles mamarios de todas las mujeres? Cuando leemos recomendaciones sanitarias y después lo intentamos aplicar al caso español, país que está considerado como uno de los mejores en términos de sanidad pública, es cuando vienen los dramas. Pedir cita ginecológica en la sanidad pública es toda una odisea.

El estudio *Toxicidad financiera del cáncer de mama*, de la Asociación Española contra el Cáncer de 2020, concluye que el 42 % de las mujeres con este cáncer acaban perdiendo casi todos sus ingresos, generando una situación de pobreza severa en el 21 % de los casos. Esto se debe a gastos directos, casi el 40 % acaba recurriendo a la sanidad privada, o a la pérdida de ingresos debido a bajas, despidos o reducciones de jornada. El estudio estima que el cáncer de mama puede suponer hasta 42.000 euros anuales.

INDAGANDO QUE ES GERUNDIO

Necesitamos más investigación, más recursos y un sistema sanitario que pueda hacer frente a las necesidades de las mujeres. Ya que, según los datos del mismo estudio citado anteriormente, **4 de cada 10 pacientes ha recurrido a la sanidad privada**, generando una brecha muy importante entre las que se lo pueden permitir y las que no. ¿Y los motivos? Sobre todo porque los plazos en la sanidad pública se alargan muchísimo o bien las pacientes no recibieron el acompañamiento necesario.

LOS CENTROS DE SALUD DETECTAN UN 5 % DE LOS CASOS DE VIOLENCIA MACHISTA

La violencia machista a menudo no deja rastros físicos, no siempre hay golpes, morados o heridas. **Más de la mitad de las mujeres que la sufren no lo explican nunca**, como constatan los datos del Ministerio de Igualdad de 2022. Sabemos que uno de los elementos clave es la detección, y el peso de ello no ha de recaer por completo en la víctima. La sanidad pública tiene un rol de gran importancia. Según datos de la Sociedad Española de Médicos de Atención Primaria de 2023, el 93 % de las mujeres que sufren violencia machista acuden en algún momento a un centro de salud, **aunque los facultativos solo son capaces de detectar un 5 % de los casos**.

¿Cómo se podría detectar en las consultas médicas? **Pues la OMS recomienda el cuestionario WAST que va dirigido a mujeres de más de 14 años con pareja**, y que consiste en dos preguntas: «¿cómo es su relación de pareja?» y «¿cómo resuelven los problemas?». Dependiendo de las respuestas se pregunta directamente si se ha sufrido violencia por parte de la pareja. A partir de ahí, el o la profesional debería seguir indagando si saltan las alarmas y activar los protocolos en caso de violencia machista.

Honestamente, **entiendo que la intención de este cuestionario es positiva, pero detecto varios problemas**. Primero, volvemos a poner el foco en la víctima. ¿Por qué no se hace este cuestionario a los hombres? Detectar la violencia machista también se puede hacer observando al agresor. Segundo, otra vez delimitamos la violencia machista al ámbito de la pareja, dejándonos fuera a compañeros de trabajo, amigos, vecinos.

EL DATO QUE TE PETA LA CABEZA

La OMS entiende la violencia machista como un problema de salud pública. En 2022, la revista científica *The Lancet*, liderada por un grupo de investigadoras de la OMS, publicó uno de los mayores estudios sobre la violencia que sufrimos las mujeres. Concluyen que 1 de cada 4 mujeres en todo el mundo ha sufrido violencia machista por parte de la pareja (hombre), en algún momento de su vida. Y 1 de cada 10 lo ha sufrido en el último año. El gran alcance y la estructuralidad del machismo hace que se considere un grave problema de salud pública, y eso atraviesa directamente a los sistemas de salud pública.

ENTRE EL 10 % Y EL 15 % DE MUJERES SUFREN DE ENDOMETRIOSIS

¿Os suena la palabra «endometriosis»? Es muy probable que sepáis que es algún tipo de enfermedad que afecta a las mujeres y que está relacionada con la regla, pero poco más. Podría entender la falta de conocimiento si se tratase de una enfermedad rara, pero, chicas, **la endometriosis afecta a entre el 10 % y el 15 % de las mujeres en el mundo**, según los datos de la OMS de 2023. Esto significa que hay 190 millones de mujeres y niñas en el planeta con endometriosis.

EL DATO QUE TE PETA LA CABEZA

Una de las consecuencias de lo poco estudiada que está la endometriosis son las detecciones tardías. **Una mujer puede tardar entre 7 y 10 años hasta ser diagnosticada correctamente**, según el estudio científico *Diagnosing Endometriosis in Primary Care: Clinical Update*, publicado por *British Journal of General Practice* en 2016. Claro, cuando leemos que la endometriosis es la responsable del 15 % de los casos de infertilidad en mujeres, según el artículo «Endometriosis como causa de infertilidad», publicado por la revista científica *Mundo de la Investigación y el Conocimiento* en 2021, yo me pregunto: si las enfermedades que afectan a las mujeres se investigasen más, ¿esto se podría haber evitado?

¿Qué es exactamente la endometriosis? Es una enfermedad crónica en la que crece un tejido parecido a la mucosa interior del útero que empieza a cicatrizar fuera del útero, provocando una gran inflamación en ovarios, detrás del útero, ligamentos uterinos y vejiga. Esto causa un **dolor intenso durante la menstruación**, relaciones sexuales, al orinar o defecar; también genera dolor pélvico crónico, distensión abdominal, náuseas, fatiga e infertilidad. Debido a todos los síntomas, el impacto en la salud mental es desencadenar cuadros de depresión y ansiedad.

Se descubrió por primera vez en 1927, pero se ha estudiado muy poco, hasta el punto de que no existe un consenso médico para explicar por qué ocurre. Tampoco hay cura ni tratamientos eficaces. Lo normal es que te manden tomar ibuprofenos o pastillas anticonceptivas, aunque para los casos más graves existe la opción de someterse a una operación para extirpar ese tejido.

NUEVO HALLAZGO SOBRE LA MENSTRUACIÓN EN 2023

¿No os parece raro que hoy en día se sigan descubriendo cosas sobre la regla? Da la sensación de que se sabe más sobre inteligencia artificial que sobre la menstruación. Tengo una amiga que siempre dice que, si los hombres tuviesen la regla, los tampones tendrían wifi. No dispongo de pruebas para afirmarlo, pero tampoco tengo dudas.

En pleno octubre de 2023, se detectó por primera vez que la regla altera todo el cerebro. Un grupo de investigadoras de California, lideradas por Elizabeth Rizor, ha estudiado durante un año a 30 mujeres. Les hacían resonancias magnéticas en el cerebro y análisis hormonales en tres fases del ciclo menstrual: la ovulación, el primer día de menstruación y la fase lútea mediana.

Luego, con todas estas resonancias magnéticas, iban comparando los resultados para ver si encontraban alteraciones cerebrales. La conclusión es que la regla no solo afecta a nuestros pechos, estómago o estado anímico, sino que **el cambio hormonal tiene un fuerte impacto en el hipotálamo y altera la sustancia blanca y gris de todo el cerebro**.

Lo más novedoso del estudio es que justo antes de la ovulación se incrementan los niveles de luteinizante y 17ß-estradiol, el principal estrógeno, haciendo que **la transferencia de información cerebral sea más rápida**. Otro gran descubrimiento es que a mayores niveles de progesterona disminuye el volumen del líquido cefalorraquídeo, que se encarga de proteger el cerebro de lesiones.

Esto marca un antes y un después en la ciencia, y abre la puerta a que se investigue en serio cómo afecta la menstruación en nuestros cuerpos.

DATO MATA RELATO 🔥

Parece mentira que estas cosas sean novedad en 2023. **Las mujeres somos la mitad de la humanidad y una mujer promedio tendrá unas 450 reglas en su vida.** ¿Cómo puede ser que no tengamos ni idea de esto, pero un ordenador pueda poner nuestro careto en tres segundos en las fotos de graduación?

EL 55 % DE MUJERES NO EXPLICAN QUE TIENEN LA MENOPAUSIA A SU ENTORNO MÁS CERCANO

Si sobre la menstruación sabemos poco, **la menopausia es la gran desconocida y estigmatizada**. Al final no deja de ser una etapa vital que experimentaremos todas las mujeres. Ni es una enfermedad, ni algo negativo, ni debería ser un tabú. Entonces ¿por qué no se puede hablar con naturalidad de algo que es profundamente normal? Hagamos una prueba: ¿sabéis a qué edad empezó la menopausia en vuestras madres o abuelas? ¿Sabéis cómo les afectó?

Los datos lo demuestran. La empresa Essity realizó en 2023 uno de los mayores estudios sobre menopausia. En él participaron 16.000 mujeres con menopausia de 11 países diferentes y la conclusión fue que **el 55 % de ellas no habían comentado su experiencia con su entorno más cercano: pareja, familiares o amistades**. ¿Los motivos? El 34 % dice que no lo explicó por no preocupar a su entorno y para que no pensaran que era algo peor de lo que realmente fue, el 26 % para no ser percibidas como viejas y el 24 % por vergüenza.

El machismo es claramente el culpable: se nos dice que las mujeres hemos de ser eternamente jóvenes y fértiles. **¿Significa que con la menopausia dejamos de ser mujeres a ojos del sistema?** Las grandes perjudicadas somos nosotras, porque sí o sí lo acabaremos viviendo, y además lo haremos sin ningún tipo de información. Ante la desinformación es normal asustarse, por eso es tan importante hablar de ello y visibilizarlo. Solo de esta manera se podrá romper el enorme tabú en torno a la menopausia.

INDAGANDO QUE ES GERUNDIO

A nivel médico, se considera que la menopausia empieza cuando hace un año de la última regla. **¿Cuántos síntomas de la menopausia conocéis?** Seguro que os suenan los más típicos, como sofocos o sudores fríos, pero realmente cada menopausia es única y **existen más de 60 síntomas**: problemas de sueño, aumento de peso, sequedad vaginal, pérdida de libido, problemas de memoria...

LA DEPRESIÓN AFECTA A MÁS DEL DOBLE DE LAS MUJERES QUE A LOS HOMBRES

Cada vez se habla más de salud mental, pero es muy difícil eliminar años y años de estigma. En ocasiones, parece que hacer terapia es algo que está reservado para la gente que tiene «problemas muy graves».

En los últimos años esta situación se ha revertido bastante. Según datos de la OMS de 2022, **la detección de la depresión se ha incrementado un 20 % en los últimos 10 años** en todo el mundo. Esto no significa que ahora haya más depresión que antes, sino que actualmente se detecta, se diagnostica y se trata. Y todo es gracias a visibilizar la importancia de la salud mental.

Cuando analizamos los datos que proporciona la OMS, vemos que la depresión afecta más del doble a mujeres que a hombres: se estima que **más del 25 % de las mujeres presentará un cuadro de depresión mayor en algún momento de su vida, frente al 12 % de hombres.** Durante la adolescencia, los trastornos depresivos y de ansiedad son de dos a tres veces más frecuentes en mujeres que en hombres. Y donde más diferencia existe es en los casos más graves de depresión, por cada hombre hay 3,5 mujeres.

¿A qué responde esta diferencia? **¿Es porque las mujeres realmente somos más propensas a sufrir depresión?** ¿O los hombres están infradiagnosticados porque hacen menos terapia y van menos al médico? Responder a esto es complicado, y es muy probable que sucedan las dos cosas a la vez. El contexto en el que vivimos es mucho más exigente para las mujeres: doble carga de trabajo, más estrés, menos tiempo para nosotras y todo un sistema machista que nos golpea. Pero también es cierto que, como a los hombres no se les ha enseñado a expresar sus emociones y verbalizar sus malestares, ellos hacen menos terapia y, por lo tanto, tienen menos diagnósticos.

INDAGANDO QUE ES GERUNDIO

Una de las grandes asignaturas pendientes del sistema sanitario español es la salud mental. Los servicios psicológicos públicos son escasos, deficientes y de mala calidad (no por culpa de sus profesionales, sino por la falta de recursos y de acompañamiento). Hacer una sesión al mes no es suficiente. La única opción para hacer terapia en condiciones y de forma regular es gestionarlo a través de la sanidad privada, y eso se traduce a como mínimo 60 o 70 euros por sesión. ¿Qué opción hay si no te lo puedes permitir?

LAS MUJERES TIENEN UN 20 % MÁS DE PENSAMIENTOS SUICIDAS

El suicidio es la primera causa de muerte no natural en España. Según el INE, con datos de 2021, **los hombres se suicidan tres veces más que las mujeres, pero nosotras lo intentamos mucho más**. Ese año, 4.003 personas se suicidaron y el 75 % eran hombres. Fue el año con más suicidios registrados en nuestro país. La Fundación Española de Prevención del Suicidio advierte que las mujeres triplicamos a los hombres en las fases de ideación, planeamiento e intento de suicidio.

El informe *La caja de la masculinidad: construcción, actitudes e impacto en la juventud española* de 2022, hecho por el Centro Reina Sofía, muestra que **el 51 % de las mujeres entre 15 y 29 años han tenido pensamientos suicidas** alguna vez o con frecuencia, frente al 34 % de los hombres.

Pero, claro, si las mujeres lo planean e intentan más, **¿cómo puede ser que más hombres mueran por suicidio?** Esto es multifactorial: hombres y mujeres escogen diferentes métodos para cometer el suicidio. Los hombres eligen formas más letales y violentas, haciendo mucho más difícil un rescate a tiempo, mientras que las mujeres se decantan por métodos en los que resulta más sencillo intervenir.

Aunque las **principales víctimas del machismo y del patriarcado somos las mujeres, también hay consecuencias negativas para los hombres**, y en este aspecto se ve de forma muy clara. Incluso en una situación tan traumática como un intento de suicidio, ellos siguen influenciados por la socialización masculina y tienden a hacerlo de forma que no pierdan su «virilidad», con lo cual tienden a conseguirlo. Y es que, si a los hombres se les enseñara a ser más sensibles y a pedir ayuda, quizá no habría que lamentar tantas muertes. ¿Veis cómo el machismo no nos afecta solo a las mujeres?

EL DATO QUE TE PETA LA CABEZA

Debido a cómo han sido socializados, la agresividad, violencia, conductas de riesgo o temerarias y la impulsividad son características de la masculinidad y virilidad. Además, influyen las carencias en gestión emocional, la contención en expresar emociones y la incapacidad de pedir ayuda. Por ejemplo, los datos de la Fundación ANAR de 2021 muestran que **el 71 % de las llamadas a líneas de ayuda, como el Teléfono de la Esperanza, son hechas por mujeres.**

EL ALCOHOLISMO EN MUJERES SUBE UN 22 %

Según datos de la Junta Internacional de Fiscalización de Estupefacientes del 2021, **España es el primer país del mundo en consumo de ansiolíticos, hipnóticos y sedantes**. Y la mayoría de las adicciones a este tipo de sustancias son por parte de mujeres, el 15 % de las mujeres frente al 8 % de hombres.

Cada año, la Red de Atención a las Adicciones presenta un informe sobre el perfil de las adicciones, donde desglosa datos sobre sustancias por sexo. En 2022, atendieron a 47.000 personas con adicciones: **la cocaína y la heroína son las principales adicciones de los hombres, mientras que en las mujeres lo son el alcohol y las benzodiazepinas**. Además, las mujeres atendidas por adicciones a este tipo de sustancias se han incrementado un 22 % respecto al año anterior.

Uno de los datos curiosos es que **más del doble de las mujeres con adicciones a ansiolíticos o somníferos disponían de prescripción médica**. Como hemos visto antes, las mujeres tienen más diagnósticos por ansiedad y depresión que los hombres, así que como es lógico también somos más consumidoras de estos fármacos.

Vivimos en una sociedad que medicaliza el malestar, que nos invita a estar anestesiadas para soportar el peso que recae en nosotras, y justo venimos de pasar una pandemia que ha tenido un impacto devastador en términos de salud mental.

EL DATO QUE TE PETA LA CABEZA

Cuando hablamos de adicciones que no sean sustancias, entramos en el terreno de los juegos de azar y la ludopatía. En la ludopatía en general, el 79 % de los adictos son hombres y el 21 % mujeres, según datos de la Red de Atención a las Adicciones de 2021. Ellos son más propensos a las máquinas tragaperras y las apuestas deportivas. Pero ¿alguna vez habéis ido a un bingo? ¿Os habéis fijado en que la sala siempre está llena de mujeres? El 80 % de las personas que juegan al bingo son mujeres, según la Dirección General de Ordenación del Juego.

LAS CHICAS SUFREN EL DOBLE DE ACOSO PSICOLÓGICO QUE LOS CHICOS

El paso de la niñez a la adultez, la construcción de nuestra identidad, la presión social o el cóctel hormonal hacen que sea un momento especialmente complicado. Y así lo confirman los datos de la OMS de 2020. **El 50 % de los problemas de salud mental comienzan antes de los 15 años, y el 75 % antes de los 18.**

Además, obviamente hay factores de riesgo que incrementan las probabilidades de sufrir este tipo de problemas: **ser mujer, ser inmigrante, tener un cuerpo no normativo, tener discapacidad, ser homosexual o bisexual o poseer altas capacidades aumentan la posibilidad de sufrir acoso escolar**. La UNESCO nos muestra que 1 de cada 3 adolescentes de todo el mundo es o ha sido víctima de acoso escolar.

La forma de acoso también es distinta. **En los chicos lo más habitual es el acoso físico, lo sufren un 21 % frente al 10 % en chicas**; mientras que el acoso psicológico es más frecuente en nosotras, con el 7 % frente al 4 % de los chicos.

El motivo principal de acoso es la apariencia física, lo que antes llamábamos «motes» o «bromas», que realmente era acoso y causaba traumas. Esto si lo analizamos da bastante miedo. En un mundo cada vez más superficial y obsesionado con el físico, **¿qué mensajes reciben los adolescentes?** Teniendo en cuenta también que las redes sociales, con su postureo y sus filtros, cada vez potencian más la idealización del canon de belleza, y las operaciones y cirugías estéticas nos invitan a modificar nuestros cuerpos para encajar.

EL DATO QUE TE PETA LA CABEZA

En 2021, los diagnósticos por trastornos mentales en las urgencias pediátricas se incrementaron un 10 %, según datos de la Sociedad Española de Urgencias de Pediatría. Son alarmantes los incrementos del 122 % en la intoxicación no accidental por fármacos, el 56 % en intento o ideación suicida, el 40 % en trastornos de conducta alimentaria y el 19 % en casos de depresión.

LAS MUJERES JÓVENES TIENEN UN 20 % MENOS DE CONFIANZA EN SÍ MISMAS

Un aspecto central en la salud mental y el bienestar emocional es la autoestima. Y, oh, sorpresa, aquí también nos encontramos patrones diferenciados entre hombres y mujeres, y una relación muy curiosa con la edad. En 2019 se publicó un artículo en la *Harvard Business Review* donde se analizaba la autopercepción de la autoestima de 8.655 personas, diferenciando entre hombres y mujeres. Los resultados son, cuanto menos, curiosos, puesto que una podría esperar que, debido al machaque al que nos exponemos las mujeres toda la vida, vayamos perdiendo cada vez más la confianza en nosotras mismas. Sin embargo, no solo no sucede esto, ¡sino que pasa todo lo contrario!

Tanto en hombres como en mujeres, a medida que ganamos años, incrementamos nuestro nivel de confianza. Lo llamativo es que partimos de puntos muy diferentes: **con 25 años o menos, las mujeres tenemos un 31 % de confianza en nosotras mismas, mientras que los hombres reportan un 49 %.** Con el paso del tiempo, ellos ganan 8,5 puntos porcentuales de confianza y nosotras duplicamos esos niveles hasta alcanzar el 60 % de confianza a los 61 años o más. Es llamativo ver cómo, al final, la autoestima se iguala entre hombres y mujeres.

¿Por qué sucede esto? La presión por encajar en los cánones de belleza, por ser perfectas y excelentes en todo deriva en un nivel de autoexigencia que nos afecta principalmente a las mujeres. Y no nos autoexigimos porque sí, es que estamos inmersas en un sistema que nos empuja a ello. La sensación de no llegar a esos estandartes acaba generando problemas de autoestima y seguridad en nosotras mismas. Por no hablar del síndrome de la impostora.

INDAGANDO QUE ES GERUNDIO

La autoestima no deja de ser la percepción y valor que nos damos a nosotras mismas, ya sea centrado en habilidades, capacidades, conductas o apariencia. **Si nos fijamos en la baja autoestima, un 13 % de mujeres se identifican con ese sentimiento;** mientras que en el caso de los hombres es el 9 %, según datos del estudio *What Women Want* de 2021.

EL 85 % DE LAS OPERACIONES ESTÉTICAS SON PARA MUJERES

En 2021, **hubo en España 400.000 operaciones y retoques estéticos, de los cuales 204.510 fueron intervenciones quirúrgicas**, es decir, que implican entrar en el quirófano, según los datos del informe *La realidad de la cirugía estética en España*, de la Sociedad de Cirugía Plástica, Reparadora y Estética. **El 85 % de todas las operaciones y retoques estéticos en España son para mujeres**, es decir, somos el *target* principal de esta industria.

El sistema tiene un juego muy retorcido: dibuja un canon de belleza irreal que es imposible de alcanzar. **¿No os parece raro que la totalidad de las operaciones estéticas sean para buscar un tipo de cara idéntico?** Todas terminamos queriendo el mismo molde de cara, uno que no existe y que no alcanzaremos nunca. Eso nos crea unas inseguridades bestiales y acabamos desarrollando disforia: rechazamos nuestra cara tal y como es, y los filtros en Instagram y TikTok no ayudan nada. El mismo sistema que ha generado todo esto nos presenta las operaciones y retoques estéticos como la solución mágica a nuestros problemas.

Pero el asunto se vuelve un poco más retorcido: cuando te operas no se solucionan los problemas, porque siempre habrá una parte de tu cuerpo que no entre en ese canon y que odies. **Por lo tanto, te seguirás queriendo operar.** Si se hace evidente que te has operado, el sistema te estigmatizará por ser «de plástico», «ser falsa», «no ser natural» o, directamente, por perder tu identidad para ser una mujer polioperada. Esto es como lo que sucede con el maquillaje, que **«te tienes que maquillar pero que parezca natural»**.

EL DATO QUE TE PETA LA CABEZA

En 2022, el tamaño de mercado de la cirugía y retoques estéticos a nivel mundial superó los 75.000 millones de dólares, según datos de Statista, y en los últimos ocho años han aumentado un 215 %. Hay gente haciéndose muy rica a base de crear traumas e inseguridades en nosotras mismas. Porque esta industria se sostiene por mujeres, que somos las principales perjudicadas por los mandatos inalcanzables de belleza.

LA EDAD DE LOS PRIMEROS RETOQUES ESTÉTICOS BAJA DE LOS 35 A LOS 20

Las operaciones y retoques estéticos siempre se han vinculado con el deseo de parecer más jóvenes. El mensaje para captar a mujeres era «frenar» los signos de envejecimiento y perseguir al máximo posible una imagen de juventud. Esto era lo que le daba sentido a la industria de la estética hasta hace unos años, pero ahora el objetivo es alcanzar la belleza en esencia, y ya no solo hablamos de la búsqueda de la juventud.

Este argumento se ve constatado cuando conocemos que la edad de los primeros retoques estéticos baja de los 35 a los 20 años en una década. Según un informe de la Sociedad Española de Medicina Estética (¿no parece un oxímoron juntar las palabras «medicina» y «estética»?), cada vez entramos antes en los quirófanos y nos hacemos más retoques como ponernos bótox o ácido hialurónico. Y esto no tiene nada que ver con perseguir la juventud, sino con asimilarnos al canon estricto que nos han impuesto.

Este cambio de paradigma está muy vinculado a las redes sociales. Cuando subes una foto a Instagram, Facebook o TikTok, ¿la retocas? Porque hay muchísima gente que ya no puede publicar una foto sin quitarse marcas, granos, suavizarse la piel o blanquearse los dientes. Uno de los grandes peligros son los filtros, y el problema no es que existan sino el uso que les damos. Generar la ficción de cómo sería tu cara si cumplieras a la perfección el canon de belleza provoca una dismorfia increíble.

Volvemos a lo mismo, casi todos los filtros que te «ponen guapa» te moldean la cara de la misma forma: más labios, pómulos levantados, nariz más pequeña, piel uniforme y sin arrugas, ojos almendrados. Qué casualidad que todos los retoques estéticos sean para construir las mismas caras, ¿no? Luego dirán que es una decisión libre, pero si todas queremos la misma cara, ¿no es un poco raro?

EL DATO QUE TE PETA LA CABEZA

La pandemia disparó los retoques y operaciones estéticas en un 30 %. **Lo curioso es que se incrementaron los que estaban enfocados a los ojos:** como el *foxy eyes* (levantar y alargar la mirada), la blefaroplastia (que trata los párpados) y la atenuación de las ojeras. Esto se debe a que, con el uso de la mascarilla, la parte de los ojos era la única zona de la cara que se nos veía en ese momento.

LOS REJUVENECIMIENTOS VAGINALES CRECEN UN 23 %

La última encuesta de la Sociedad Internacional de Cirugía Plástica Estética afirma que **la operación que más crece es el «rejuvenecimiento vaginal», con un incremento del 23 %** en 2022. Esto básicamente consiste en dos cosas: labioplastia, que es recortar los labios menores si sobresalen, y vaginoplastia, es decir, reducir el tamaño del canal vaginal.

¿Qué hay detrás de todo esto? Para cada parte del cuerpo hay un canon de belleza concreto que es imposible de conseguir de forma natural. Esto pasa con los pechos, la nariz, los ojos, la boca, el culo y, obviamente, también afecta a la vagina. Todos estos mandatos se construyen con base en el mundo de la moda o del cine, ya que la gente famosa marca las tendencias tanto en ropa, peinados como también en retoques estéticos. Aunque, claro, en el caso de la vagina, ¿se os ocurre quién puede estar marcando estas tendencias? Pues, como era de esperar, **la industria del porno**.

Los genitales de las mujeres en los vídeos porno son casi todos iguales, marcan un canon de belleza donde nuestros coños no han de tener ningún rastro de pelo, que no sobresalga nada en absoluto y que sean lo más estrechos posible. ¿A qué os recuerda esto? Pues está claro que nos trasladamos a unos genitales de niña pequeña.

Parte de nuestra cultura se está construyendo con base **en la idea del «cuerpo equivocado»**. Esto implica que, si no te ajustas al canon de belleza, «lo que está mal» y «lo que hay que cambiar o arreglar» es tu cuerpo. No nos olvidemos de que nadie nace odiando su cuerpo, nos han enseñado a hacerlo.

INDAGANDO QUE ES GERUNDIO

En 2021 este fue el ranking de las operaciones con cirugía: aumento de pecho (44.406), cirugía de párpados (20.268), liposucción (18.900) y rinoplastia (10.467). Mientras que en las intervenciones sin cirugía tenemos el bótox (100.296) y el ácido hialurónico (98.829). Aunque estas dos últimas cifras seguro que son mucho mayores, porque en los últimos años se han disparado estas intervenciones en centros no regulados, como peluquerías, y es imposible saber el volumen real.

EL 60 % DE LAS MUJERES SE SIENTE INFELIZ CON SU ASPECTO FÍSICO

En el estudio *Las mujeres y los hombres, hoy. ¿Igualdad o desigualdad?*, hecho por Laura Sagnier en 2023, se pregunta qué aspectos nos generan infelicidad o malestar. **El 60 % de las mujeres responden que el aspecto físico, frente al 54 % de los hombres, siendo la opción más votada por ambos sexos.** Después siguen la salud, el tiempo libre, el padre o la pareja.

Para entender esta insatisfacción hemos de hablar del canon de belleza y del ideal que nos han impuesto. Para la gente que niega que esto existe, estoy segura de que, si os pregunto **¿cuál es el «ideal» de mujer?**, todas me responderíais lo mismo, y esto no es casualidad. También estoy segura de que no hay ni una sola mujer en el mundo que encaje al cien por cien en ese canon de belleza, porque está construido de tal forma que es imposible que nadie llegue a él. Hasta la que más presume de su cuerpo o la que más se esfuerza en conseguirlo, seguro que padecen un sufrimiento enorme. Y al final, seamos como seamos, no dejamos de ser esclavas de esa idea nociva de perfección.

Existe un sentimiento generalizado de culpa y presión hacia nuestros cuerpos. Tanto si nos alejamos mucho de ese «ideal» como si nos acercamos, aunque es cierto que el nivel de violencia y juicio público será muy diferente, **el sistema te castiga si te alejas de su ideal**. Que vivamos obsesionadas con nuestro aspecto físico y con una lupa permanente en el cuerpo de las demás es otra victoria más del patriarcado.

INDAGANDO QUE ES GERUNDIO

Es fuerte darse cuenta de que hasta la chica de la que piensas: «Dios, qué guapa, encaja totalmente en el canon de belleza», **lo más probable es que sufra por no verse perfecta**. Un ejemplo perfecto es el de Ariana Grande. De forma objetiva podríamos decir que encaja en el canon de belleza, pues con 17 años empezó a hacerse retoques estéticos y dejó de hacerlo con 25 años. En ese tiempo se sometió a miles de intervenciones, y esto no es algo morboso o motivo de juicio, esto nos debería hacer reflexionar a todas y todos sobre qué parámetros de belleza nos han impuesto.

EL 99 % DE MUJERES SE DEPILA ALGUNA PARTE DE SU CUERPO

Contadme, **¿qué hacéis cuando veis a una mujer sin depilar?** Inevitablemente, muchas de vosotras miraréis con extrañeza, y es algo normal porque no estamos acostumbradas a ver pelo en nuestros cuerpos.

Los datos lo demuestran, en España **el 99 % de las mujeres se depilan alguna parte de su cuerpo**, siendo lo más depilado las axilas con el 94 %, seguidas de las piernas y las ingles con el 93 %, respectivamente. Aunque se ha constatado que en inverno nos relajamos un poco más con este tema, y el 20 % de las mujeres no se depila las ingles y el 12 % las piernas, esto nos hace preguntarnos: ¿nos depilamos por decisión propia o por la mirada de los demás?

DATO MATA RELATO 🔥

Nos repetimos los mismos mantras para depilarnos: es más higiénico, sudo menos, huelo menos, estoy más suave… Y **este dato es para las personas que piensan que depilarse es más higiénico**: cerca del 30 % de mujeres que se depilan el pubis sufren lesiones en la piel, según el estudio *Prevalence of Pubic Hair Grooming–Related Injuries and Identification of High-Risk Individuals in the United States*, publicado por *JAMA Dermatology* en 2017.

Estos datos son de un estudio de 400 mujeres de 24 a 45 años hecho por Phillips en 2017.

¿Por qué existe tanto rechazo hacia el vello corporal de las mujeres? Rechazo que incluso nosotras hemos llegado a interiorizar, hasta el punto de que no nos hemos permitido saber cómo son realmente nuestros pelos. ¿Sabéis cómo son los pelos de vuestras axilas, su longitud o qué forma tienen?

Uno de los motivos es que el pelo corporal se ha vinculado a la virilidad. **Cuanto más pelo tienes, más macho eres.** Y, claro, esto nos ha dejado fuera de juego, porque las mujeres sí o sí tenemos que ser femeninas. Además, el vello corporal cumple una función determinada, que es la de proteger la piel y empieza a aparecer cuando nos convertirnos en adultos. Depilándonos nos estamos arrancando esta capa protectora y, curiosamente, el resultado nos recuerda a una etapa infantil. La piel sin pelo al final parece una piel desprotegida, infantil, frágil.

4 DE CADA 10 MUJERES SE MAQUILLAN DIARIAMENTE

Sobre el maquillaje hay muchísimo para reflexionar y es importante hacerlo sin señalar conductas individuales o culpabilizando a las mujeres que se maquillan. **No eres más o menos feminista por hacerte el *eyeliner* o ponerte rímel**, el feminismo no juzga ni señala las conductas individuales, sino que analiza por qué hacemos lo que hacemos de una forma estructural.

¿Podéis salir de casa sin maquillaros? ¿Os veis más guapas con base, polvos, colorete, *eyeliner*, rímel y pintalabios? ¿Cómo te sientes cuando vas a una cena sin maquillar? Hacernos estas preguntas nos ayuda mucho a reflexionar sobre el origen de nuestra decisión. Según un estudio de Revlon de 2019, el 90 % de las mujeres en España afirman que les gusta maquillarse, **4 de cada 10 se maquilla diariamente** y la edad en que lo empiezan a hacer de forma recurrente es a los 16 años.

¿Qué hay detrás de esto? **Todas tenemos interiorizado que nos tenemos que «arreglar»**, esta es una palabra que usamos mucho, pero el verbo habla por sí solo: arreglas algo cuando está roto, y nosotras no estamos rotas. Además, el concepto «imperfecciones» también es bastante retorcido: un grano, una arruga o una mancha no es un defecto, sino que son algo natural. Se ha dibujado un código social en el que para verte guapa sí o sí has de comprar todos los productos de maquillaje posible.

Es el combo perfecto entre el machismo y el capitalismo: **te hundo la autoestima y te gastas el dinero para construirte una coraza.** Y esto no es un alegato para que os dejéis de maquillar. Lo importante es saber que no lo hacemos de forma libre. **No es normal que no podamos salir de casa sin nuestra capa de pintura en la cara.**

EL DATO QUE TE PETA LA CABEZA 💣

En marzo de 2023, **la Generalitat de Catalunya multó a Vueling con 30.000 euros por obligar a las azafatas a trabajar maquilladas y con tacones**. Ninguna empresa nos puede obligar a ir maquilladas en nuestro puesto de trabajo, y más cuando a los hombres no se les obliga. ¿O es que ellos no tienen ojeras igual que nosotras?

LAS MUJERES TARDAMOS 30 MINUTOS AL DÍA PARA «ARREGLARNOS»

Hablemos del típico mantra de que las mujeres tardamos mucho en salir y que somos muy lentas para prepararnos, mientras que los hombres en 5 minutos ya están listos. Si lo pensamos bien, no es que seamos lentas, sino que nos hacemos millones de cosas. Secar el pelo, plancharlo u ondularlo, la *skin routine*, el maquillaje... Un estudio realizado por Rexona en 19 países europeos muestra cómo **las mujeres en España tardan una media de 30 minutos al día para «arreglarse»**.

El 44 % está lista en menos de media hora, **el 56 % necesita más de media hora** y, entre estas últimas, un 3 % necesita más de una hora para poder salir de casa.

EL DATO QUE TE PETA LA CABEZA

¿Cuánto dinero nos gastamos realmente? **En España nos gastamos 150 euros anuales de media en cosmética**, mientras que en Europa la media es de 137 euros anuales, según datos de EAE Business School. Cuando entramos en el detalle, vemos que los artículos que más se adquieren son los de cuidado de la piel y maquillaje, siendo el rímel el producto cuyo consumo más ha crecido: un 7 % respecto a 2014, mientras que ha bajado el número de mujeres que usan base de maquillaje (un 8 %).

Así que, como hemos visto antes, **no solo es una inversión de dinero, sino que también estamos aportando nuestro tiempo vital**. Y sí, una cosa es sanearse para salir a la calle, algo que se agradece bastante a primera hora en el transporte público, pero otra muy distinta es toda la capa estética que se nos demanda a las mujeres, como si al natural no fuésemos válidas para salir a la calle y ser vistas por el mundo.

Aquí entrarían dos conceptos clave que son **la cosificación y la sexualización**. Cosificar implica deshumanizarnos y reducirnos como si fuésemos «una cosa», en este caso un cuerpo. Se nos despoja de nuestra complejidad y humanidad y se nos empaqueta como si simplemente fuésemos un saco de carne. A esto le añadimos la capa de sexualización, y es que no solo somos un cuerpo, sino que además ese cuerpo ha de ser atractivo y *follable* todo el rato. La imposición es ser agradables a la vista: guapas, maquilladas, dulces y complacientes. Qué cansado actuar así todo el rato, ¿no?

LA OBSESIÓN POR EL *SKINCARE* EMPIEZA A LOS 12 AÑOS

La portavoz de la Academia Española de Dermatología y Venereología, Paloma Borreguero, denuncia un incremento exponencial de niñas de 11 o 12 años consultando sobre rutinas de belleza o *skincare*; además, identifica que estas conductas surgen como imitación de las *influencers* que ven en las redes sociales. A raíz de esto, *ElDiario.es* en 2023 entrevistó a tres niñas de 12 años que explican su rutina facial: «Me limpio la cara, me pongo sérum de ácido hialurónico y después una crema hidratante».

¿Qué ocurre? Pues que ahora la vida social de las niñas está en internet, Instagram y TikTok, donde las bombardean con anuncios de cremas para la cara y maquillaje. Todas sus ídolos se pasan el día hablando de *skincare* y de sus rutinas de belleza, ¿cómo no van ellas a imitarlas?

El resultado de esta locura es que tenemos a niñas de 12 años preocupadas por sus arrugas, a chicas de 18 poniéndose bótox y a las de 19 entrando en quirófanos. ¿Alguien sigue pensando que todo esto es una libre elección? Y que quede claro, el sistema nos intenta vender un producto precioso y bien empaquetado: el *skincare*, ¿quién no va a querer cuidar de su piel? Pero realmente lo que nos están vendiendo es una *skin obsession*, pues nadie necesita aplicarse 14 productos diferentes de 30 euros cada uno para tener una piel cuidada. Aquí se unen el machismo, con la idea de que tenemos que estar perfectas casi desde que salimos del útero, con el capitalismo más despiadado. Y es que, en general, los dos son muy buenos amigos y cuando no golpea el uno lo hace el otro.

Y, como siempre, bajo la etiqueta de «cuidados», el sistema nos intenta colar una nueva obsesión más que hace que nos veamos defectuosas, nos destruye la autoestima, nos fuerza a perder dinero y tiempo. Todo esto no solo nos atrapa a las mujeres adultas, sino que cada vez más afecta a niñas y adolescentes.

EL DATO QUE TE PETA LA CABEZA

La Universidad de Columbia publicó en 2023 un estudio sobre el uso de cosméticos en la infancia y adolescencia, hecho por el equipo Center for Children's Environmental Health. Una de las conclusiones es que el 64 % de las niñas de 12 años o menos utilizan productos cosméticos para adultos. Otro dato impactante es de la agencia Mintel, que en 2016 publicó que el 45 % de las chicas entre 12 y 14 años usaban habitualmente corrector de ojeras.

9 DE CADA 10 CASOS DE TRASTORNOS ALIMENTARIOS AFECTAN A MUJERES

En España, en 2023, cerca de 400.000 personas sufren algún tipo de trastorno de la conducta alimentaria. De ellos, **9 de cada 10 casos son de mujeres y niñas**, y 3 de cada 4 tienen entre 12 y 24 años. Cuando hablamos de trastornos de conducta alimentaria, principalmente nos referimos a anorexia nerviosa y bulimia, y está claro que detrás de estas enfermedades hay muchísimos factores, siendo uno de ellos el machismo y el canon de belleza que se nos ha impuesto a las mujeres. **¿Creéis que habría tantos casos de anorexia nerviosa y bulimia si el canon de belleza no fuese la extrema delgadez?** Obviamente que afecta tener antecedentes familiares, estar en un momento de mucha ansiedad y estrés o sufrir de otros trastornos como el obsesivo compulsivo, pero ¿qué explica que todo esto desencadene la privación de comida solo en las mujeres? Es decir, **¿por qué principalmente somos las mujeres las que lo sufrimos y no los hombres?** La razón es la extrema delgadez como canon de belleza.

Detrás de este ideal de belleza se esconde muchísima misoginia, y es que **un cuerpo desnutrido es frágil, sumiso, indefenso y débil**. Esto es lo que el sistema espera de nosotras. Solo hace falta ir a cualquier tienda de ropa y prestar atención a los maniquíes para verlo. Fijaos en cualquier pasarela de moda, modelo, actriz, cantante o *influencer*. Queremos vernos delgadas porque la delgadez se ha asociado a la belleza.

Por el contrario, el canon de belleza en los hombres es estar hipermusculado: fuerte, grande y con energía. **¿Ellos fuertes y nosotras débiles?** Estos son los mensajes que hay detrás del ideal de cuerpos que el sistema ha diseñado. Y este es el caldo de cultivo perfecto para que aparezcan los trastornos de conducta alimentaria, que tienen un componente principalmente social.

EL DATO QUE TE PETA LA CABEZA

6 de cada 10 mujeres adolescentes afirman que serían más felices si estuvieran más delgadas. El 30 % de ellas presentan conductas de riesgo en relación con los trastornos de conducta alimentaria, según un estudio de la Sociedad Española de Médicos Generales y de Familia de 2020. Y, es más, en los últimos cuatro años se han incrementado un 15 % los casos en menores de 12 años.

EL 47 % DE LAS ADOLESCENTES DE 12 A 16 AÑOS QUIERE ADELGAZAR

¿Alguna vez habéis querido adelgazar? ¿Habéis empezado una dieta? ¿O habéis rechazado comer algo que os apetecía para no engordar? Esto nos afecta a todas, **no conozco a una sola mujer que no haya querido verse más delgada en algún momento de su vida**, y cuando más vulnerables somos es en la adolescencia.

Según datos de la Generalitat de Catalunya en 2023, **el 47 % de las adolescentes de 12 a 16 años quiere adelgazar** y el 41 % está haciendo una dieta sin control médico. En el caso de las mujeres adultas, el mismo informe recoge que el 27 % deja de comer para estar más delgada.

Algo que no recogen estos datos es **el sentimiento de culpa**. Porque muchas veces nos encontramos con un conflicto interno de «¿me lo como o no me lo como?». Cuando gana la opción de comer, ¿qué pasa luego? En muchos casos aparece la culpa para machacarte y recordarte que te estás alejando de ese objetivo de delgadez, para que luego surja el pensamiento lógico de compensación de «cenaré menos». Esto es una constante para muchas mujeres.

Todas hemos sido adolescentes y sabemos que es una época muy compleja, donde la presión por ser aceptadas socialmente, el cambio físico que implica **abandonar el cuerpo de niña para que empiecen a salirnos curvas, pechos y figura de mujer**, la aparición de la menstruación y las imposiciones estéticas están a la orden del día. Y más actualmente con el escaparate que representan las redes sociales. No es casualidad que la OMS haya ubicado desde 2018 a los TCA entre las enfermedades mentales prioritarias en adolescentes.

DATO MATA RELATO 🔥

¿Sabéis qué es una «talla grande»? **En las tiendas de ropa convencionales no venden pantalones que superen la talla 42 o 44**, porque a partir de ahí se entiende que empiezan las «tallas grandes». Pues en 2007 el Ministerio de Sanidad definió que la ropa de tallaje especial empezaba en la talla 48 y que las tiendas de ropa debían abastecer hasta ese número. Como era de esperar, la mayoría de las tiendas no lo cumplen y eso hace que muchísimas mujeres no puedan comprarse ropa.

EL 45 % DEL *BULLYING* QUE SUFREN LAS ADOLESCENTES ES POR SU CUERPO

Según los datos de Bullying sin Fronteras de 2019, **el 45 % del *bullying* que sufren las niñas y adolescentes es por su cuerpo**. Cualquier característica que se salga de lo habitual es motivo de burla: si eres bajita, alta, delgada, gorda… Desde bien pequeñas nos enseñan que nuestro cuerpo es un escaparate para que todo el mundo lo comente y valore.

Me gustaría detenerme en la gordofobia, porque, aunque nos cueste aceptarlo todas y todos tenemos gordofobia interiorizada. Es imposible que no queden reductos de gordofobia en tu mente porque el sistema está impregnado de ellos. **Pero ¿qué es exactamente la gordofobia?** Sobre todo, es el rechazo, odio y violencia que sufren las personas gordas por el mero hecho de serlo. Es la jerarquía social donde lo deseado y elevado es la delgadez, mientras que la gordura es algo inferior, denostado y objeto de burla. Si lo piensas bien, ¿no os parece raro que «gorda» sea un insulto?

Vivimos en un sistema que castiga la no delgadez. Y la diferencia es que si has nacido bajita «no puedes hacer nada para cambiarlo», mientras que **las personas gordas son señaladas como culpables por su cuerpo**. ¿Qué han hecho mal? Únicamente alejarse del molde que el sistema nos ha impuesto.

Y para la gente que sigue pensando que un cuerpo gordo es sinónimo de poco saludable, desde 2022 la OMS ya no considera la obesidad como una enfermedad, sino como un factor de riesgo de otras enfermedades. Vincular la delgadez con lo sano y la gordura con lo no sano es algo absurdo. Parece que solo nos interesamos por la salud ajena cuando se trata de juzgar.

EL DATO QUE TE PETA LA CABEZA

Algo que en realidad me llamó la atención es cuando leí que **si Barbie existiese de verdad se moriría automáticamente:** su cuello se rompería porque es demasiado largo y delgado y no podría soportar su cabeza, su abdomen es tan pequeño que solo caben en su interior la mitad de los órganos y sus tobillos y pies no resistirían su peso.

LOS HOMBRES ENCUENTRAN MÁS ATRACTIVAS A LAS MUJERES DE 18 AÑOS

Que la belleza en las mujeres se asocia a la juventud y en los hombres a la madurez es algo que podemos intuir. Lo vemos reflejado en el cine y cuando nos fijamos en las diferencias de edad en parejas heterosexuales (ellos siempre son los mayores). Tenemos millones de *inputs* que nos muestran que **los hombres maduritos son sexis, mientras que a nosotras envejecer nos penaliza**.

En 2018 la revista *Science Advances* publicó el estudio *Búsqueda aspiracional de compañeros en los mercados de citas en línea*. Tomó una muestra de 200.000 usuarios heterosexuales que buscaban pareja por aplicaciones de ligar y analizó sus gustos e intereses. La conclusión fue que **los hombres percibían a las mujeres de 18 años como las más atractivas**, ellas eran las que más *likes* y mensajes recibían. Mientras que el punto más elevado de deseabilidad en los hombres era a los 50 años.

Lo llamativo es que, **cuanto mayores eran las mujeres, menos deseables eran para los hombres**, mientras que en ellos pasaba al revés. Y aquí vendrán a decirnos que la juventud se relaciona con la fertilidad y otros argumentos biologicistas. Pero ¿en verdad esos hombres estaban buscando a la madre de sus hijos? ¿O es que el canon de belleza en las mujeres se basa en parecer eternamente jóvenes y que, a menor edad, más moldeables y manipulables somos? Pensemos en ejemplo concretos, **¿qué pasa con las canas?** A los hombres milagrosamente les sientan bien, se vuelven más atractivos e interesantes, mientras que en nosotras aparece toda una industria que nos dice que las tapemos. ¿Por qué? Porque a las mujeres no se nos permite envejecer de forma natural, tenemos que aparentar juventud.

INDAGANDO QUE ES GERUNDIO

Los algoritmos en las aplicaciones de ligar están repletos de machismo y así lo demuestra el libro *El algoritmo del amor: un viaje a las entrañas de Tinder*, de Judith Duportail (2019), donde explica con detalle cómo descubrió que **el algoritmo de Tinder enseñaba un 40 % menos los perfiles de las mujeres con estudios**. Y este algoritmo se alimenta de las decisiones que tomamos, los hombres le dan menos *likes* a las mujeres con estudios más avanzados.

VIOLENCIA SEXUAL Y SEXUALIDAD

Las cifras sobre violencia sexual contra las mujeres no paran de crecer, y es crucial analizarlas con detalle para entender qué está pasando realmente y por qué.

La **violencia sexual** es un problema muy grave que afecta a toda la sociedad, y resulta **especialmente alarmante en las nuevas generaciones** por culpa de falta de educación sexual de calidad, el machismo reaccionario en las redes sociales y el acceso a la pornografía desde bien pequeños y un a contenido cada vez más violento.

Todo esto, sumado a la falta de noción sobre el consentimiento y el deseo sexual, y a la jerarquía de poder inculcada por el machismo, crea un caldo de cultivo perfecto para que la violencia sexual campe a sus anchas.

Este es el último capítulo del libro y el más extenso de todos, **donde veremos 37 razones que ponen de manifiesto una realidad: la violencia sexual es una pandemia**. Entenderemos datos sobre agresiones sexuales, pornografía, prostitución, OnlyFans, el tabú que sigue existiendo al hablar de sexo, prácticas sexuales, infecciones de transmisión sexual y orientaciones sexuales.

CADA HORA SE DENUNCIAN 4 AGRESIONES SEXUALES EN MÉXICO

Este dato es profundamente alarmante, **cada hora se denuncian en México entre tres y cuatro casos de abuso sexual y/o violaciones**. Durante todo el 2023, un equipo de periodistas del MCCI (Mexicanos Contra la Corrupción y la Impunidad) analizó las cifras de delitos sexuales de todo el país, obteniendo esta cifra que realmente escandaliza a cualquiera.

Si analizamos bien este dato y lo dividimos por los días del año, nos encontramos que **se denuncian unas 90 agresiones cada día.** Esta magnitud nos ayuda a entender que la violencia sexual es toda una epidemia para las mujeres en México. Y aquí hemos de tener en cuenta una cosa muy importante: solo tenemos datos de las agresiones sexuales que se denuncian, pero sabemos que hay una cifra negra muy grande. Es decir, gran parte de estos delitos no se denuncian, ni se registran, ni cuentan en indicadores.

Por lo tanto, que las cifras de agresiones sexuales crezcan no significa inherentemente que se produzcan más agresiones, simplemente tenemos constancia que se denuncian más. Lo cierto es que la violencia sexual es un problema muy profundo que atraviesa a toda la sociedad, especialmente es alarmante en las nuevas generaciones, y se debe a la falta de educación sexual, los discursos machistas en redes sociales, el machismo imperante en toda la sociedad, el acceso a la pornografía desde bien pequeños y un contenido más violento, la falta de noción sobre el consentimiento sexual.

A medida que haya más conciencia feminista se identificará y denunciará mucho más este tipo de violencia. Aunque parezca contraintuitivo, cuantas más denuncias haya significa que la sociedad está más concienciada con el tema.

EL DATO QUE TE PETA LA CABEZA

La impunidad es algo muy grave cuando hablamos de delitos sobre violencia sexual. El mismo organismo de periodistas del MCCI encontró que, en los últimos 10 años, el 91 % de los casos denunciados quedaron en total impunidad, es decir, los agresores sexuales quedaron en libertad o fueron absueltos. De los 329.000 casos denunciados, solo 28.000 tuvieron una sentencia condenatoria. Este es un fallo del sistema que juega un papel muy importante a la hora de denunciar. Si las víctimas no obtienen una respuesta del sistema, es muy difícil que puedan confiar en él.

SOLAMENTE EL 19 % DE LAS VIOLACIONES SON COMETIDAS POR DESCONOCIDOS

¿Cómo te imaginas a un violador? Seguro que piensas que es un hombre desconocido, de clase baja, con pasamontañas y que nos está esperando en una esquina oscura en la calle. La realidad es que **solo el 19 % de las violaciones son cometidas por desconocidos**, según los datos de la Macroencuesta de Violencia contra la Mujer de 2019 en España.

Si ampliamos un poco la mirada y hablamos de violencia sexual en general, **el 14 % de las mujeres la ha sufrido por parte de su pareja o expareja**, y eso significa 2.905.489 mujeres. El 6 % de las mujeres han sufrido esta violencia fuera del ámbito de la pareja, porcentaje que representa a 1.322.052 mujeres. En este caso, la proporción de desconocidos sube al 39 %, amigos o conocidos serían el 49 % y familiares un 212 %. Estos porcentajes son tan altos porque solo tienen en cuenta a los agresores que no eran pareja.

Cuando sacamos conclusiones hemos de ir con mucho cuidado, porque **sabemos que se denuncian menos del 10 % de las agresiones sexuales**, según los datos de la Delegación del Gobierno contra la Violencia de Género. Esto hace que haya un sesgo brutal, porque los registros que tenemos son muy escasos y no representan la totalidad del fenómeno. Además, tiene sentido que, cuando los agresores sexuales son desconocidos, resulte bastante más costoso denunciarlos, identificarlos y detenerlos. Si la agresión la comete tu pareja, tu expareja, tu compañero de trabajo o amigo, la identificación sería sencilla.

Aun así, **es muy importante romper el mito del agresor sexual como un desconocido**. Este mito existe porque es duro enfrentarse a la idea de que alguien en quien confías, como puede ser un amigo, un hermano o una expareja, pueda agredir sexualmente a una persona.

EL DATO QUE TE PETA LA CABEZA

Las consecuencias de sufrir una agresión sexual son incalculables, según la misma macroencuesta. Casi el 40 % de las mujeres que han sufrido una violación han tenido lesiones físicas, el 80 % ha desarrollado problemas psicológicos como ansiedad, depresión o estrés postraumático, y 1 de cada 4 mujeres ha consumido medicamentos para poder afrontarlo.

1 DE CADA 2 MUJERES EN MÉXICO SUFRE AGRESIONES SEXUALES

Cuando pensamos en violencia sexual automáticamente pensamos en una violación con penetración y violencia física. Pero va mucho más allá, y para abordarlo es necesario ampliar el foco. Según la Encuesta Nacional sobre la Dinámica de las Relaciones en los Hogares de México, casi **1 de cada 2 mujeres mayores de 15 años (el 49,7%) ha sufrido alguna agresión tipificada como violencia sexual** por lo menos una vez en su vida.

Violencia sexual es que te toquen el culo sin tu consentimiento en una discoteca, es que se quiten el condón en medio del acto sexual sin comunicártelo, es que te besen en un bar sin tú quererlo, es que **tu pareja te presione para tener sexo porque de lo contrario se irá con otra**, es que te chantajeen con publicar fotos tuyas desnuda, es que te droguen o te emborrachen para que mantengas una relación sexual que de otra forma no aceptarías nunca.

Quedar con un tío por primera vez y sentir miedo al ir a su casa también es consecuencia de la violencia sexual. Ir por la calle deprisa y con las llaves entre las manos aterrorizada también es violencia sexual. Lo que subyace todo esto es un pánico terrible a que nos agredan sexualmente. Porque a un hombre le robarán la cartera o le pegarán, pero en nosotras se añade una capa más de violencia. Y es la que tiene que ver con nuestro sexo.

Y que quede muy claro, **esto no son casos aislados, ni conductas puntuales**, ni mucho menos están perpetradas por depredadores o «locos». Esto es algo estructural y solo se entiende si tenemos en cuenta la socialización diferencial que hemos recibido hombres y mujeres, y más cuando hablamos de sexo. No es normal que, como mínimo, la mitad de las mujeres mexicanas haya sufrido algún tipo de agresión sexual.

INDAGANDO QUE ES GERUNDIO

Un síntoma de que algo no va bien es cuando accedemos a mantener relaciones sexuales sin que nos apetezca. Principalmente sucede con la pareja y hemos normalizado esos chantajes y presiones, esos pensamientos de «cuando esté en el tema ya me apetecerá» o esa idealización del sacrificio para satisfacer los deseos del otro. El 53 % de mujeres entre 18 y 25 años afirma haber tenido sexo sin apetito o deseo sexual, según el informe *Indicadores de Deseo, Autoerotismo e Impulsividad Sexual en Mujeres de la Ciudad de México* publicado en 2013 por Cinthia Cruz del Castillo, Angélica Romero y Flor de Maria Erari.

EL 10 % DE LAS AGRESIONES SEXUALES SON GRABADAS CON EL MÓVIL

Un fenómeno que ha aparecido en los últimos años, debido a las redes sociales, es inmortalizar escenas de delitos. La lógica nos dice que cuando hacemos algo «que está mal» no queremos dejar rastro ni ser vistos. Sin embargo, en el año 2020, según datos del Observatorio contra la Violencia Sexual en España, **el 10 % de las agresiones sexuales registradas fueron grabadas con el móvil**.

Esto forma parte de lo que llamamos **terrorismo sexual**: no solo te agredo sexualmente y te deshumanizo, vulnerando tus deseos y tu consentimiento, sino que encima **lo grabo como un trofeo para difundirlo entre grupos de WhatsApp o en páginas porno**. Detrás de esto hay una misoginia muy profunda: el sexo se entiende como un instrumento de dominación y poder, y no como un acto de goce y disfrute.

¿Cómo alguien se puede excitar manteniendo sexo con una persona que claramente no quiere? Esto solo se explica porque **no hay educación sexual**, y las únicas instituciones que se encargan de educarnos en ese aspecto son la pornografía y la prostitución, donde las mujeres tenemos un único rol que es satisfacer las necesidades y deseos de los hombres.

Para la víctima esto implica una doble revictimización, no solo se enfrenta a un suceso de violencia traumático, sino que encima queda registrado y muchas veces se encuentra con esos vídeos. Un ejemplo paradigmático es lo que le pasó a Carlota Prado en el programa *Gran Hermano*, en el que fue víctima de una agresión sexual por parte de José María López, delante de toda España y con las cámaras encendidas. Nadie hizo nada, la única intervención del programa fue insistirle para que viera las imágenes.

DATO MATA RELATO 🔥

Según el estudio *(Des)información sexual. Pornografía y adolescencia*, hecho por Save the Children, **7 de cada 10 vídeos en páginas porno contienen actos de violencia explícita** y reproducen situaciones de dominación sexual. Y no solo eso, en 2020 la página web Pornhub fue obligada a eliminar más de 10 millones de vídeos por su contenido ilegal. Y no es que la página de repente se convierta en feminista, sino que Mastercard y Visa amenazaron con bloquear los pagos con sus tarjetas si no lo hacía.

EN MÉXICO, EL 98,6 % DE LAS AGRESIONES SEXUALES NO SE DENUNCIARON

Algo clave para luchar contra la violencia sexual es poder identificarla, llamar a las cosas por su nombre y asegurar que el entramado institucional responsable sepa dar respuesta. Según la Encuesta Nacional de Seguridad Pública Urbana (ENSU), en México **solo se denuncian el 1,4 % de las agresiones sexuales que sufrimos las mujeres**. Esto es muy grave, porque significa que el 98,6 % de la violencia sexual que sufrimos está oculta: no hay datos, no hay información y, por lo tanto, no hay conocimiento. Lo que no se nombra, no existe. ¿Cómo vamos a erradicar algo que desconocemos?

La pregunta de fondo es **¿por qué el porcentaje de denuncias es tan bajo? ¿Qué está pasando para que no denunciemos?** Aquí podemos identificar varios elementos: la desconfianza en el sistema judicial y policial, el miedo a la reacción del agresor, la aversión a identificarnos como «víctimas», la confusión y dudas sobre si lo que te acaba de pasar es una agresión sexual, el desconocimiento de cómo y dónde pedir ayuda, pensar que entrar en un circuito judicial no resolverá nada, miedo a que se mediatice el caso y a sufrir una revictimización.

Todas tenemos en mente la reacción pública cuando sucede un caso de violencia sexual: cómo se pone el foco en la víctima, cómo se cuestionan absolutamente todas sus acciones y reacciones: por qué se fue con esos chicos, que hacía sola, porqué iba vestida de esa forma; básicamente, se pone en duda si realmente quería, si en el fondo no lo estaba deseando, o hasta su reacción posterior, cómo puede ser que después de la agresión siguiese su vida «normal». **El sistema dibuja un perfil de víctima monolítico y como no te ajustes al 100 % a él, se pone en cuestión tu versión y tu relato.**

EL DATO QUE TE PETA LA CABEZA

Cuando en la encuesta se pregunta a las mujeres por qué no denunciaron responden lo siguiente (la pregunta era multirrespuesta): el 40 % afirma que por vergüenza y para que nadie lo supiera; el 36,5 % por temor a que no la creyeran; el 24,6 % porque eran otros tiempos y no sabía que se podía denunciar; el 23,5 % por miedo a la reacción del agresor y el 18,4 % pensó que era su culpa.

EL 57 % DE VÍCTIMAS DE VIOLENCIA SEXUAL NO LO HA CONTADO A NADIE

El alcance de la violencia sexual va mucho más allá de no denunciar: el miedo, la vergüenza y la culpa nos afectan tanto que **el 57 % de las víctimas de violencia sexual no se lo han contado nunca a nadie**. Este dato se extrae de la encuesta QueSeSepa de 2019, donde participaron más de 1,2 millones de mujeres de todo el mundo. En la totalidad de las agresiones sexuales, la opción más votada fue «no se lo he contado a nadie», seguida de «se lo conté a mi madre» y «se lo conté a mis amigas o amigos».

Esto nos invita mucho a reflexionar sobre **la soledad que experimentan las mujeres víctimas de violencia sexual**. No solo te enfrentas a un evento traumático que impacta en tu autoestima, en tu percepción y concepción sobre el sexo, y que implica un proceso doloroso, sino que, en más de la mitad de los casos, todo esto lo pasamos solas. Y esto solo se entiende cuando desentrañamos el sentimiento de culpa, vergüenza y todas las connotaciones implícitas en el concepto de víctima.

¿Qué pasa con el concepto de víctima? Dentro del feminismo hay dos corrientes. Una aboga por huir de esta palabra por su connotación negativa y estigmatizante, y prefiere el término «superviviente», con un tono más heroico, aunque no deja de estar exento de problemas. Otra corriente reivindica el término «víctima» como un instrumento para reconocer y visibilizar la violencia que sufrimos, pero huyendo del esencialismo. **Si no hay víctimas, no se produce violencia.**

Vivimos en una sociedad que odia reconocerse como víctima, y cada vez que alguien señala una injusticia en las redes aparecen los típicos mensajes de «victimista», «ya está llorando» o «ya se está quejando». **Se asocia ser víctima con la debilidad**, y nos genera tanta aversión como sociedad que no toleramos que alguien se ponga esa etiqueta.

EN EL TERRENO DE LAS IDEAS

Amelia Tiganus reflexiona sobre esto en *La revuelta de las putas* y dice: «Fui víctima y ya no lo soy, porque ser víctima no es un estado permanente e irreversible. De serlo, de nada serviría la reparación». Este libro es muy esclarecedor para entender la construcción y reparación de la identidad después de haber sufrido violencia sexual.

EL 33 % DE LAS AGRESIONES SEXUALES EN MÉXICO SE DAN EN LA VÍA PÚBLICA

Respecto a las agresiones sexuales hay mucho que desmitificar: en el imaginario colectivo suceden siempre en la calle, de noche y por parte de un desconocido. Y cuando vamos a los datos vemos que esto no es del todo cierto. Según la encuesta realizada por Enkoll para *El País* México y W Radio en 2024, **el 33 % de las agresiones sexuales se dan en la vía pública**.

Esto significa que el 66 % se dan en otros lugares, como en el propio hogar, en el trabajo o en una discoteca. Estos datos se refieren a las agresiones sexuales registradas, **si tuviésemos la información completa de todos los delitos sexuales, seguro que estos porcentajes serían muy diferentes**. Es mucho más probable denunciar una agresión por parte de un desconocido en la calle que por parte de un conocido (como podrían ser parejas, exparejas o amigos).

Si analizamos el perfil del agresor según esta encuesta, **el 66 % de los agresores fueron las parejas o exparejas** y el 34 % restante fueron amigos, conocidos, desconocidos o familiares. Es muy importante hacer hincapié en esto, porque es infinitamente más complicado identificar un abuso cuando el agresor forma parte de tu círculo de confianza.

Y el mensaje es claro: **tu pareja, por el hecho de serlo, no te debe sexo**. Si no te apetece mantener relaciones sexuales, no tienes la obligación de hacerlo. Si tu pareja se enfada, te presiona o te chantajea, también es violencia sexual. Si estás dormida y tu pareja empieza una relación sexual contigo, sin tu consentimiento ni tu deseo de que se produzca, es una agresión sexual. Es crucial tener esto claro, porque muchas veces tenemos dudas sobre si lo que nos ha ocurrido es o no es una agresión.

EL DATO QUE TE PETA LA CABEZA

Si analizamos los datos de agresiones sexuales por edad, vemos un fenómeno muy impactante. Según la misma encuesta realizada por Enkoll para *El País* México y W Radio en 2024, el grupo poblacional que más se reconoce como víctima de violencia sexual son los centennials (es decir, la generación Z, gente nacida entre 1995 y 2010). Con un 61 % de mujeres de esa generación que afirman haber sufrido violencia sexual. Después vendrían los millenials, la generación X y, por último, los boomers. Es decir, la gente más joven reconoce más este tipo de violencia que la gente mayor.

EL 31 % DE LAS MUJERES INDÍGENAS EN MÉXICO HAN SUFRIDO ALGÚN TIPO DE VIOLENCIA

En México, la violencia hacia las mujeres indígenas es una problemática profundamente invisibilizada, **prácticamente no hay datos, ni estudios, ni interés académico para abordarlo**. La realidad es que la falta de datos estadísticos hace muy complicado visibilizar la situación de las mujeres indígenas y que esto se traduzca en políticas públicas específicas, que consideren la diversidad cultural y las realidades particulares de estas comunidades.

Nos hemos de remontar a 2006 para tener algún tipo de dato, según la Encuesta Nacional sobre la Dinámica de las Relaciones en los Hogares (ENDIREH) **el 31,1 % de las mujeres indígenas casadas o en pareja sufrieron algún tipo de violencia**, principalmente emocional, económica y sexual. Además, el 34,1 % denunciaron haber sufrido violencia laboral, y el 19,1 % violencia en entornos educativos.

La violencia que enfrentan las mujeres indígenas en sus hogares es alarmante, el hecho de que más de una cuarta parte de estas mujeres haya sufrido agresiones emocionales y económicas refleja **una estructura social que sigue oprimiéndolas en los espacios más íntimos**,

reforzando el control y la dominación sobre sus cuerpos y vidas.

Como dice la periodista Patricia Simón: «Son las mujeres más pobres, las más jóvenes y las más racializadas, las más impunemente agredidas física y sexualmente». Al final las violencias se interrelacionan entre ellas y ya sabemos que **el machismo se entiende a la perfección con el racismo y el clasismo**.

EL DATO QUE TE PETA LA CABEZA

Como apunta Buenaventura Loreto Vera Pérez en el estudio *La violencia estructural contra la mujer indígena mexicana*, publicado en 2023 por la *Revista Científica de la UCSA*, en México existen 68 grupos étnicos, y muchos de ellos están apartados de la participación política y pública, hace falta reconocer la diversidad cultural del país y darles el espacio y el reconocimiento justo. Además, la detección de la violencia y discriminación es crucial para ese grupo de la población, ya que las mujeres indígenas sufren muchas más capas de violencia y no siempre se tienen las herramientas necesarias para identificarlas.

ENTRE EL 10 % Y EL 20 % DE ESPAÑOLES HAN SUFRIDO ABUSOS EN LA INFANCIA

Es muy difícil cuantificar los abusos sexuales en la infancia por la propia naturaleza de la violencia. **Al tratarse de menores de edad, el grado de vulnerabilidad es tan alto que la mayoría de los casos se mantienen ocultos.** Cuando hablamos de abusos sexuales en la infancia nos referimos a un adulto u otro menor de edad imponiendo prácticas sexuales a niñas o niños que, debido a su edad, son incapaces de consentir ningún acto sexual.

Para que haya consentimiento sexual ha de existir plena consciencia de qué se está aceptando y, en esencia, deseando. **La edad mínima para que se produzca consentimiento sexual en España es de 16 años.** Así que cualquier acto sexual con una persona menor a esa edad estará considerado un abuso sexual.

Según datos de Save the Children de 2021, **entre un 10 % y 20 % de las personas en España han sufrido algún tipo de abuso sexual en la infancia**. La horquilla es tan amplia porque gran parte de estas agresiones sexuales no se registran, y el propio organismo estima que solo el 15 % llega a registrarse. Y, si nos centramos en los datos oficiales, en 2019 se interpusieron 6.153 denuncias por abusos sexuales en la infancia en España.

En un análisis exhaustivo de 432 denuncias hecho por Save the Children, vemos que el 45 % de los casos se producen en menores de 13 a 16 años, **siendo niñas 4 de cada 5 de las víctimas**, y en el 97 % los agresores eran hombres. Repito, no nos hemos de olvidar que la gran mayoría de los casos no quedan registrados. Algo curioso de analizar es que cuando pensamos en abusos sexuales en la infancia, nuestro marco mental automáticamente piensa en un niño. Y cuando vamos a los datos vemos que la mayoría de las víctimas son niñas.

La Fundación ANAR, especializada en abusos en la infancia, recoge en un informe de 2022 que **la reacción más habitual de las menores es la negación de los hechos, en el 41 % de los casos.**

EL DATO QUE TE PETA LA CABEZA

Un dato impactante recogido por Save the Children, al analizar 432 denuncias por abusos sexuales con sus consecuentes procesos judiciales, **es que las niñas y los niños deben declarar lo que les ocurrió cuatro veces de media.** Eso implica volver a revivir toda la situación de abusos sexuales y constituye un proceso totalmente traumático y violento para los menores.

1.036 CURAS ACUSADOS DE PEDERASTIA ENTRE 2018 Y 2023

Según datos de Save the Children de 2021, en España el **49 % de los casos de abusos sexuales en la infancia son cometidos por el entorno familiar**: por orden de frecuencia, los agresores serían el padre, otro familiar no identificado, el padrastro, el abuelo o el tío. En el caso de los agresores fuera del entorno familiar, se trataría de amistades de la víctima, conocidos de la familia o educadores.

Aunque la estadística no lo recoja, sabemos que **la Iglesia católica ha estado impregnada de casos de pederastia. Más allá de los propios delitos cometidos por curas,** la institución religiosa ha operado durante mucho tiempo ocultando y restando importancia a esos abusos. Cuando la jerarquía eclesiástica se enteraba de un caso de pederastia, su reacción era siempre la misma: silencio, protección y traslado del pederasta a otro lugar.

El gran problema que nos encontramos es que no hay datos oficiales, ni por parte del Estado ni por parte de la Iglesia. **No podemos cuantificar el problema porque no existen registros.** Además, muchos de los casos sucedieron hace años y no queda de ellos ningún tipo de constancia, porque ni se denunció ni se contó. Si ahora, con toda la conciencia que hay sobre el abuso sexual, el 57 % de las víctimas de violencia sexual no se lo cuentan a nadie, imaginémonos en otras épocas.

Entre 2018 y 2023 el diario *El País* llevó a cabo una macroinvestigación que **en 5 años ha logrado acusar a 1.036 curas y localizado a 2.206 víctimas** en España. A raíz de estos datos, la Iglesia católica creó una comisión para combatir la pederastia y difundió la primera sentencia canónica donde admitían que «miraron hacia otro lado».

INDAGANDO QUE ES GERUNDIO

La Iglesia francesa publicó un estudio en el año 2021 donde **estimaban en 330.000 las víctimas de pederastia por parte de la institución eclesiástica**. Mientras tanto, en España aún no se ha hecho una investigación pública sobre los casos de pederastia y encubrimiento de la Iglesia. En marzo de 2022, el Congreso de los Diputados aprobó que el Defensor del Pueblo se encargase de esa investigación, y solo Vox votó en contra. A fecha de noviembre de 2023, aún no se ha publicado ninguna investigación que esclarezca los hechos.

7 DE CADA 10 ADOLESCENTES CONSUMEN PORNO

Hay datos que se entienden mejor juntos: 7 de cada 10 adolescentes consumen porno, el 54 % admite que le da ideas para sus propias experiencias sexuales y al 55 % le gustaría poner en práctica lo que ha visto, según datos del informe *(Des)información sexual: pornografía y adolescencia*, de Save the Children.

Esto desmonta el argumento de que «el porno es solo ficción»: cuando tenemos a más de la mitad de los adolescentes reconociendo que quieren imitar lo que ven en esos vídeos, significa que trasciende el plano de la ficción.

Esto es crucial porque estamos en un contexto de ausencia de educación sexual. La poca que se imparte suele limitarse a una clase básica de anatomía y a la técnica de colocación de un condón para prevenir enfermedades y embarazos no deseados. Así lo demuestran los datos: el 70 % de las mujeres en España consideran que su educación sexual ha sido deficiente (el 41 % la califica de «regular» y el 29 % de «muy mala»), según datos del Observatorio Bloom de 2022. Además, el 80 % de las mujeres no recuerdan ni una sola campaña sobre educación sexual en los últimos años.

Todo esto hace que la pornografía pase a ser nuestra piedra Rosetta del sexo, o eso pensamos al principio. Luego descubrimos que eso no es sexo, sino que se ofrece una visión distorsionada de la sexualidad: todo el acto gira en torno al placer masculino, sí o sí ocurren felaciones durante muchísimos minutos, tenemos suerte si hay algún cunnilingus, y el acto sexual se acaba cuando el hombre eyacula. Además, no se usa condón. La misma investigación concluye que el 30 % de los adolescentes reconocen que el porno es su única fuente de información sobre sexo.

EL DATO QUE TE PETA LA CABEZA

¿Que un hombre consuma vídeos porno hará que se convierta en un agresor sexual? Evidentemente no. Pero un dato muy llamativo es cuando lo vemos al revés: según la profesora de Derecho Penal de la Universidad Complutense Sonsoles Vidal, el cien por cien de los menores que ha atendido por delitos sexuales consumían pornografía.

EL 88 % DEL PORNO QUE VEN LOS JÓVENES CONTIENE VIOLENCIA FÍSICA

Puede parecer sorprendente, pero, aunque no hayas visto un vídeo porno en tu vida, también te ha marcado. Si no lo has visto tú, lo habrá visto alguna de tus parejas sexuales y, sin darnos cuenta, hemos aprendido e imitado conductas que salían en esos vídeos.

El porno es una industria que mueve 97.000 millones de euros al año y donde todo está guionizado: tiene el poder de moldear nuestras apetencias sexuales. Si se viralizan vídeos de sexo anal, pues ahora tenemos a chavales obsesionados con hacer esa práctica, y lo peor es que, como en los vídeos no aparece toda la preparación previa, desconocen los pasos que hay que seguir para poder hacerlo correctamente.

La realidad es que el 88 % de los vídeos porno que consumen los adolescentes contienen violencia física, según datos del libro *Eso no es sexo*, de Marina Marroquí. Es un contenido donde se normaliza la violencia extrema, se difuminan los límites del placer y el dolor, o se erotizan las violaciones. Cuando cruzamos estos datos con los siguientes: el 87 % de los chicos de entre 13 y 17 años han visto porno, frente al 39 % de las chicas, según el informe *(Des)información sexual: pornografía y adolescencia*, de Save the Children, nos llama la atención la disparidad entre hombres y mujeres, y que prácticamente todos los chicos adolescentes han visualizado esos contenidos.

Esta situación plantea varias vías de actuación: limitar el acceso a la pornografía por parte de menores, plantearnos qué tipo de contenidos ofrecen esas páginas y las consecuencias que conllevan para las mujeres de todo el mundo, así como impartir con urgencia educación sexual.

EL DATO QUE TE PETA LA CABEZA

¿Los adolescentes tienen la capacidad para identificar las relaciones de poder en el porno? Parece ser que no, pues solo el 55 % de chicas afirman que las relaciones de poder en la pornografía no son igualitarias. Lo alarmante es que también lo piensa el 31 % de los chicos. Es decir, el 69 % de chicos creen que las relaciones en el porno son igualitarias.

30 MILLONES DE PERSONAS EN EL MUNDO VEN PORNO CADA SEGUNDO

Cuando se problematiza la pornografía, se acostumbra a señalar los efectos que causa en las personas que la ven, especialmente en menores de edad. También se critican las malas praxis que enseña, tanto en el grado de violencia como en la irrealidad mostrada, generando una imagen del sexo totalmente nociva y desigual. Pero hay algo de lo que se habla muy poco, y son **los abusos dentro de la industria pornográfica.**

¿Qué pensarías si te digo que es **imposible distinguir un vídeo porno consentido de un vídeo donde literalmente está ocurriendo una agresión sexual?** Cada segundo, hay 30 millones de personas viendo pornografía según datos del estudio *20 Pornography Facts That Will Shock You*, publicado por Intellectual Takeout en 2017.

Sobre la industria del porno disponemos de muy pocos datos debido a la falta de transparencia que envuelve todo el sector. Es destacable el escándalo del #MeToo que hubo en 2018, **a raíz del suicidio de cinco actrices porno muy conocidas en menos de tres meses**: Olivia Nova, Olivia Lua, Yuri Luv, Shyla Stylez y August Ames. Ellas destaparon que los abusos sexuales, físicos y verbales no son simulados, muchas veces no es un guion ni está pactado, sino que la violencia que se ve es totalmente real.

Francia ha sido uno de los países que más en serio se ha tomado la lucha contra la industria pornográfica. En 2022 el Senado publicó el informe *El infierno detrás de las escenas,* **en el que directamente califica a los productores porno como depredadores sexuales.** Este estudio se hizo a partir de una denuncia pública de 40 mujeres víctimas de la industria del porno, que denunciaron a actores y a los productores de la plataforma French Bukkake por agresiones sexuales y torturas.

EN EL TERRENO DE LAS IDEAS

En 2021 se estrenó un documental sobre la industria del porno que no tiene desperdicio; es de **Mabel Lozano, se llama *PornoXplotación* y lo tenéis disponible en RTVE Play**. Son tres capítulos de 40 minutos donde se explica cómo funciona realmente esta industria y las dinámicas que hay de abuso y violencia.

LA PORNOVENGANZA CRECE UN 35 % EN UN AÑO EN ESPAÑA

La pornovenganza es el delito digital que más crece en 2022, con un 35 % respecto al año anterior, según datos de la Asociación Stop Violencia de Género Digital de 2023. Este tipo de «venganza» consiste en difundir contenido sexual de alguien sin su consentimiento, con el objetivo de extorsionarlo o humillarlo.

Cuando acudimos a los datos, vemos que 1 de cada 3 delitos digitales son por pornovenganza, el 80 % de las víctimas son mujeres, el 90 % no lo denuncia y los delincuentes acostumbran a ser exparejas o ligues para «vengarse» por una ruptura, o también puede tratarse de mafias que utilizan esos contenidos para extorsionar por dinero.

Que la mayoría de las víctimas sean mujeres es curioso, porque, aunque en el contenido sexual aparezcan un chico y una chica, el escarnio público siempre va para nosotras. Este es el claro ejemplo de cómo opera la sexualidad entre hombres y mujeres: mientras que a nosotras nos devalúa, a ellos les incrementa su valor. Cuánto más sexo tenga un hombre, más triunfador es; en cambio, en nosotras tiene el efecto contrario.

Además, no importa si esas fotos son reales. Hemos visto que el *deepfake* se está usando para generar imágenes sexuales falsas a partir de la inteligencia artificial. Sabemos que el 96 % de esos contenidos acaban en páginas porno, siendo compartidos de forma masiva por grupos de WhatsApp, y la reacción social es como si fuese una humillación para nosotras. La liberación sexual que pide el feminismo consiste exactamente en poder disfrutar de nuestra sexualidad de forma libre y sin connotaciones negativas.

INDAGANDO QUE ES GERUNDIO

En 2019, Verónica, que trabajaba en la empresa Iveco, se suicidó cuando su expareja y compañero de trabajo difundió un vídeo sexual suyo en la empresa. Él no aceptaba la ruptura y la chantajeó con difundir el vídeo si no volvían juntos. El contenido sexual acabó en los móviles de prácticamente todos los trabajadores, unos 2.500 empleados. Esta es una posible consecuencia de la violencia en la pornovenganza, y no me parece correcto hablar de suicidio, porque todas las personas que vieron y compartieron el vídeo son responsables de la muerte de Verónica.

INSTAGRAM MUESTRA UN 54 % MÁS LAS FOTOS DE MUJERES EN ROPA INTERIOR

Siempre se dice que las redes sociales en sí no son «malas», sino que el problema es el uso que les damos. **Con cada avance tecnológico, el uso de las redes se vuelve más nocivo para nuestra autoestima y autopercepción**: en Tik-Tok, cuando te vas a grabar desde la aplicación, automáticamente se activa un filtro de belleza. Tu imagen por defecto ya es una mentira.

¿Qué mensaje recibes cuando subes una foto en ropa interior y tienes el triple de *likes*? Una de las conductas perjudiciales que fomentan las redes es la validación externa según las interacciones. El contenido que subimos se convierte en una exposición de cómo te gustaría que fuera tu vida y la reacción de la gente representa el veredicto de la sociedad.

Pero esto tiene trampa, pues Instagram o TikTok deciden qué contenidos enseñan y cuáles no. Y, como era de esperar, esos algoritmos tienen sesgos. En 2020, la ONG Algorithm Watch publicó el estudio *Undress or fail: Instagram's algorithm strong-arms users into showing skin*, donde analizaron al detalle el recorrido de 2.400 fotos subidas a Instagram. La conclusión fue aplastante: **el contenido de mujeres en ropa interior tenía un 54 % más de probabilidades de aparecer**, y las de hombres sin camiseta, un 28 %.

El mensaje que recibimos las mujeres es cristalino: **si queremos ser vistas y tener éxito, hemos de enseñar carne**. En esto consiste la hipersexualización de las mujeres: o nos mostramos sexis ante el mundo o no existimos. Y no solo es debido a la conducta de la gente que premia ese tipo de fotos, sino que directamente Instagram potencia ese tipo de contenido enseñándolo más.

EL DATO QUE TE PETA LA CABEZA

La organización Girlguiding publicó un estudio en 2017 donde analizaba el impacto de las redes sociales en mujeres. Las conclusiones fueron que a 1 de cada 3 mujeres la presión por parecer perfectas le afecta a nivel emocional y el 35 % afirmó que se comparaba constantemente con las demás. Esto al final es un círculo vicioso: **nos empujan a hacer un tipo de contenido que es nocivo para todas.**

EL 50 % DE LAS MUJERES HAN RECIBIDO «FOTOPOLLAS» POR REDES SOCIALES

¿Alguna vez un hombre *random* te ha enviado una foto y al abrirla has visto su pene? ¿Qué sentimiento te despierta? ¿Se acerca más al asco o a la excitación? Siempre me he preguntado qué hay detrás de este acto, ¿por qué envían «fotopollas»? ¿Cuál es realmente el objetivo de enviar una foto de los genitales sin ningún tipo de contexto para hacerlo?

Como mínimo, el 50 % de las mujeres canarias han recibido una «fotopolla» alguna vez, según el informe *Ciberviolencias machistas*, realizado por el Cabildo de Gran Canaria en 2022. Que esto nos haya ocurrido a la mitad de las mujeres refleja que es una práctica muy extendida. ¿Conocéis a algún hombre que lo haya hecho? Porque sería muy interesante preguntarle qué quería conseguir. Y es que **el efecto que genera encontrar un pene sin buscarlo ni desearlo es de intimidación y rechazo**.

Aun así, si una mujer se hace fotos en una conversación subida de tono, enseguida corre el riesgo de que se la exponga y ella misma tenga que ser garante de su propia seguridad digital, cuando el receptor es quien debería saber que no puede compartir esas fotos. Sin embargo, ellos envían fotos íntimas sin ningún reparo.

Esto no tiene nada que ver con ligar o con algo sexual, esto va de dominación y poder. Me recuerda mucho al típico «guapa» que nos dicen por la calle. **Ese hombre no está intentando ligar contigo, sino que está marcando territorio.** Y en las redes sociales pasa exactamente lo mismo, pero detrás de una pantalla ellos se sienten más valientes.

EL DATO QUE TE PETA LA CABEZA

Hay un artículo brutal: «I'll show you mine so you'll show me yours», publicado por *The Journal of Sex Research* (2019), donde intentan entender qué motivaciones tienen los hombres que envían «fotopollas» o *dickpics*. Se entrevistó a 1.087 hombres heterosexuales y **casi la mitad de ellos había enviado ese tipo de fotos sin consentimiento ni contexto lógico para hacerlo**. Las razones que la mayoría dio a esta práctica eran recibir imágenes sexuales a cambio, excitar a la otra persona y hacerlo para su propia satisfacción.

EL TOPLESS SE REDUCE A CASI LA MITAD EN 5 AÑOS

¿Cómo puede ser que nuestros pezones estén censurados en Instagram, pero los hombres puedan salir sin camiseta? La cosificación e hipersexualización del cuerpo de la mujer está presente en muchos ámbitos de nuestra vida. **¿Por qué molesta tanto que Rocío Saiz o Rigoberta Bandini muestren sus pechos en un concierto, y Mick Jagger no?**

Esto no afecta únicamente a las redes sociales, donde más lo notamos es en la playa. El Instituto de Estudios de Opinión y Marketing de Francia publicó en 2023 un análisis brutal sobre el topless: **en los años 80, el 43 % de las mujeres hacían topless; en 2019 la cifra bajó al 29 %** y, tan solo tres años más tarde, en 2021, lo practicaban el 19 % de las mujeres. Aunque el estudio sea sobre Francia, se aplica totalmente al caso español: solo hace falta esperar al verano y observar cuántas mujeres hacen topless.

¿Qué ha cambiado para que antes estuviéramos cómodas y ahora no? Sobre todo, el uso de las redes sociales, la presión estética y los móviles. Muchas de las mujeres que antes hacían topless y ahora ya no lo practican aluden al miedo a que te hagan una foto y la suban a internet. Además, pensar que nuestros pechos no encajan en el canon de belleza hace que no los queramos enseñar: consumimos millones de tetas operadas. Eso provoca que tengamos una visión distorsionada sobre cómo deberían ser nuestros pechos y que nos dé vergüenza enseñarlos. Otro de los motivos que señalan para taparse es evitar miradas o comentarios machistas.

El sistema gana al decidir cuándo ver y sexualizar nuestros cuerpos, pero colapsa cuando nosotras decidimos enseñarlos en un contexto no sexual.

INDAGANDO QUE ES GERUNDIO

Desde el verano de 2023 se puede hacer topless en las piscinas públicas de Cataluña, lo que hasta ese momento estaba prohibido. **El argumento es que esta prohibición implicaba una discriminación para las mujeres**: nosotras nos teníamos que tapar obligatoriamente, pero ellos no. Es curioso porque, mientras que en el ámbito legal se avanza en este sentido, entendiendo que no se puede obligar a las mujeres a que se censuren sus pechos, en la realidad cada vez nos tapamos más.

UNAS 800.000 MUJERES PROSTITUIDAS EN MÉXICO EN 2022

Y ahora nos adentramos en el debate eterno y no resuelto: la prostitución. La prostitución en México está en un limbo jurídico que favorece que todo ocurra en la sombra. En sí, no está prohibida ni existe ninguna ley abolicionista, la legislación varía según el estado. En la mayoría prácticamente no hay legislación, salvo en Ciudad de México, Tijuana y zonas turísticas donde está permitido.

El tema es que no sabemos con exactitud cuántas mujeres prostituidas hay en México, en qué condiciones están, ni cuántos puteros hay. Aunque no haya una cuenta oficial, diferentes organismos y entidades se han encargado de hacer estimaciones. Según un informe de la Comisión Nacional de los Derechos Humanos (CNDH) de México, se estima que **unas 800.000 mujeres ejercen la prostitución en el país**.

Pero estos datos son simplemente estimaciones, debido a la naturaleza clandestina de la prostitución y a todos los delitos que giran alrededor de este sector: la trata de personas, la explotación sexual, las drogas, etc. Todo esto complica mucho la recogida de datos y la transparencia en ese ámbito. Es imposible calcular cuántas de todas las mujeres que ejercen la prostitución están en situación de trata, según la misma comisión cada año se identifican en México entre 500 y 1.000 víctimas de trata de personas.

La trata sí que es ilegal en México, existe la Ley General para Prevenir, Sancionar y Erradicar los Delitos en Materia de Trata de Personas que prohíbe la explotación de personas para fines sexuales. La pregunta es: ¿cómo diferenciar la trata de la prostitución «voluntaria»? Aun así, bajo condiciones de extrema pobreza y necesidad, ¿realmente somos libres de decidir?

EL DATO QUE TE PETA LA CABEZA

En 2022, se publicó el *I Informe Mundial sobre Explotación Sexual* de la Fundación Scelles, donde concluyen que en el mundo se prostituyen entre 40 y 42 millones de personas, más del 80 % son mujeres o niñas, el 75 % tienen entre 13 y 25 años y 9 de cada 10 dependen de un proxeneta. No podía empezar los apartados de prostitución sin recomendar *Neoliberalismo sexual* de Ana de Miguel, este libro es crucial para entender las propuestas abolicionistas.

COMO MÍNIMO 8 PAÍSES DE AMÉRICA LATINA HAN «LEGALIZADO» LA PROSTITUCIÓN

Hablar de prostitución es hablar de machismo y clasismo. Cuando el 99 % de los consumidores son hombres y el 97 % de las personas prostituidas son mujeres, vemos patrones machistas. Y el 86 % está en situación de pobreza, así que vemos patrones clasistas. ¿Alguien puede decidir libremente en esas condiciones? El mito de la libre elección se desmonta cuando analizamos los porcentajes ya comentados. ¿Por qué siempre que hablamos del tema son las mujeres las que se prostituyen y los hombres los que consumen?

Pues la situación en América Latina es bastante confusa, en la mayoría de los países reina una alegalidad generalizada. **Como mínimo 8 países tienen leyes que normalizan y legalizan la prostitución: Argentina, Colombia, Uruguay, Paraguay, Nicaragua, Guatemala, Perú y México**, en algunos estados. El país que más ha avanzado es Uruguay, donde las mujeres prostituidas se han de registrar. Pero la aplicación de esas leyes es escasa.

El problema de este enfoque es que no resuelve ningún problema, sino que perpetua **un modelo de sexualidad basado en el consumo de cuerpos**, y desvincula totalmente el sexo del deseo. Legalizar la prostitución solo agrava la situación de las mujeres, ya lo hemos visto en países como Alemania o Países Bajos.

¿Cuál es el problema de fondo? Principalmente la interacción entre sexo, consentimiento y deseo. **Porque vale, solo sí es sí, pero si se puede comprar, ¿qué sentido tiene todo esto?** Cuando aparece el dinero, desaparece la libertad para poder escoger y aparece la noción de poder y jerarquía en ese «intercambio». Sabéis el típico mantra del capitalismo de quien paga, manda. Pues cuando hablamos de sexo esto es profundamente problemático. Y si aceptamos que no hay deseo sexual, ¿cómo se puede disfrutar sexualmente con alguien que claramente no lo está deseando? Esto es una red flag como una catedral.

EL DATO QUE TE PETA LA CABEZA

El Programa Conjunto de las Naciones Unidas sobre el VIH/Sida reportó en 2022 que como mínimo hay 2.463.000 mujeres prostituidas en América Latina y el Caribe. Estos datos no incluyen a Chile, Venezuela y Puerto Rico, ya que no existe ningún tipo de reporte sobre la situación en esos países. Y hemos de tener en cuenta que esto son estimaciones, es prácticamente imposible tener un recuento certero sobre la prostitución.

MÉXICO, SEGUNDO LUGAR EN EL MUNDO EN TURISMO SEXUAL INFANTIL

México ocupa **el segundo lugar mundial en turismo sexual infantil**, solo detrás de Tailandia. Esto evidencia un grave problema que, además, ha crecido de manera alarmante en los últimos 15 años. Ocupar los primeros puestos en este tipo de clasificaciones es bastante preocupante.

Según la Organización Internacional para las Migraciones (OIM), **un 20 % de los 600 millones de viajes turísticos internacionales cada año están motivados por la búsqueda de sexo**, con más de tres millones de turistas admitiendo tendencias pedófilas. México se convierte en un escenario óptimo para que ocurra esto: con problemas estructurales como la trata de personas, la desaparición de mujeres y leyes muy laxas con la prostitución.

El turismo sexual, qué horror de concepto, es solo una de las tres formas principales de explotación sexual en México, junto con la pornografía y la esclavitud sexual. Si lo analizamos bien, la explotación sexual es la forma más común de esclavitud moderna en el país, donde millones de personas, especialmente mujeres y niños, son víctimas.

Un estudio realizado en Tijuana, por la Comisión Unidos contra la Trata y el Colegio de la Frontera Norte, realizó 400 entrevistas a mujeres prostituidas que estaban accediendo a centros de salud. Los resultados fueron que la educación máxima de la mayoría era sexto grado de primaria y que **el 83,3 % de estas víctimas de prostitución empezaron con menos de 16 años**. Es decir, la gran mayoría eran menores de edad. Además, el 96 % de ellas han experimentado situaciones traumáticas y de violación.

El caso de Tijuana es particularmente ilustrativo de la magnitud del problema, con cientos de mujeres y niñas atrapadas en la prostitución callejera o en burdeles ocultos detrás de puertas cerradas. Esta situación evidencia la profunda vulnerabilidad de estas niñas, muchas de las cuales fueron engañadas y forzadas a una vida de explotación. ¿Qué hay que hacer para que esta vulneración de derechos humanos se detenga?

INDAGANDO QUE ES GERUNDIO

Cuando los hombres y las mujeres se encuentran en situaciones de extrema necesidad económica, toman diferentes decisiones: ellos tienden a robar y nosotras a recurrir a la prostitución, ya que se nos ha enseñado que somos un producto. Estas son las conclusiones del estudio *Feminización de la supervivencia y prostitución ocasional* de la Federación de Mujeres Progresistas (2018).

SUECIA REDUCE EN UN 86 % LA CIFRA DE PUTEROS POR UNA LEY ABOLICIONISTA

En 1999, **Suecia sacó su primera ley abolicionista**, convirtiéndose en el primer país del mundo en hacerlo, criminalizaron a los puteros y proxenetas, y entendieron a las mujeres prostituidas como víctimas de violencia machista: eso significa ofrecerles acompañamiento psicológico, asesoramiento laboral y acceso a ayudas públicas.

Su objetivo era desincentivar la demanda ofreciendo educación sexual en las escuelas y conceptualizar la prostitución como una forma de violencia patriarcal, siguiendo la línea de la ONU. Su idea de abolición es ir a la raíz: hacer que los hombres entiendan que no pueden pagar por tener sexo con alguien que no los desea. El foco se pone en ellos, no en ellas.

¿Cuáles han sido los resultados? Según el Ministerio de Justicia de Suecia, en 2018, **hay unas mil mujeres prostituidas en Suecia, mientras que en España se estima que son entre 100.000 y 300.000**. Más datos, en los últimos 20 años se ha logrado reducir la cifra de clientes en un 86 % y más de 7.600 hombres han sido procesados y multados, según datos de The Swedish National Council for Crime Prevention de 2021.

Entre las mujeres prostituidas en Suecia, unas 300 son de nacionalidad sueca y las otras 700 son extranjeras, de Rumanía, Nigeria, Polonia o Tailandia, según datos de Kajsa Wahlberg, criminóloga sueca. Y esta es una de las críticas que veo en la situación: para abolir la prostitución es necesario un abordaje en la ley de extranjería. **No podemos dejar fuera a las mujeres migrantes sin papeles**, porque son las principales afectadas del sistema prostituyente y es imprescindible regularizar su situación para que accedan a ayudas.

INDAGANDO QUE ES GERUNDIO

En 2023 el Parlamento Europeo se pronunció de forma clara sobre la prostitución, **promoviendo una legislación abolicionista que reinserte a las mujeres prostituidas** y penalice tanto a puteros como a terceros que se lucran. Esta es la hoja de ruta europea, y no solo existe el caso de Suecia como país abolicionista. También están Finlandia (2006), Islandia (2007), Noruega (2009), Irlanda (2015) o Francia (2016).

LA LEGALIZACIÓN DE LA PROSTITUCIÓN EN ALEMANIA INCREMENTA LA TRATA UN 25%

En contraposición a Suecia, tenemos a Alemania. Uno de los países que más esfuerzos ha hecho para que la legalización de la prostitución «salga bien». **El camino de la legalización empezó en 2002, con la llamada «ley de la prostitución»,** cuya idea era mejorar las condiciones laborales y de vida de las mujeres prostituidas.

Para tratar de lograrlo, eliminaron la calificación jurídica de «inmoral», redefinieron el concepto de proxenetismo y despenalizaron la promoción de la prostitución. **Y 15 años después constataron que esta ley, en vez de ayudar, había empeorado la situación de las mujeres prostituidas.** El número de víctimas de trata se había incrementado un 25 %, según datos de la Oficina Federal de Investigación Criminal (BKA) de 2017.

Con esa medida aparecieron los macroburdeles: en 2022 había registrados 2.310 según la Oficina Federal de Estadística (Destatis). Proliferaron anuncios como **«media hora de sexo, cerveza y salchicha de Frankfurt por 15 euros».** Con el boom de los prostíbulos, bajaron los precios y se multiplicaron los puteros. Así que los proxenetas tuvieron que recurrir a mujeres de Europa del Este, para abastecer el gran incremento de la demanda.

Cuando vieron este desastre, aprobaron la Ley para la Protección de las Trabajadoras Sexuales en 2017, por la que las mujeres prostituidas se tenían que registrar en un canal oficial, y de esta forma se podría identificar si estaban siendo coaccionadas o no. El problema es que solo se han inscrito un 10 % de todas las mujeres prostituidas. Destatis estima que hay más **de 400.000 mujeres prostituidas en Alemania y que en 2019 había registradas únicamente 40.370.** ¿Dónde están las 360.000 mujeres que faltan?

DATO MATA RELATO 🔥

Más datos: el club Pascha de Colonia es el mayor prostíbulo de Europa, con unos 9.000 metros cuadrados, más de 120 mujeres prostituidas y un millar de clientes al día. Se facturan unos 16.000 millones de euros al año, aunque gran parte de la prostitución ocurre fuera de los circuitos legales. **¿Y qué pasa con las mujeres?** Del 10 % de las mujeres prostituidas registradas en 2019, solo el 18 % tienen nacionalidad alemana; la más mayoritaria es la nacionalidad rumana con el 35 %, seguida de la búlgara con el 11 % y la húngara con el 7 %, según la Oficina Federal de Estadística (Destatis).

EL 61% DE LAS VÍCTIMAS DE TRATA SON CON FINES DE EXPLOTACIÓN SEXUAL

Cuando hablamos de trata de personas nos referimos a la **captación, reclutamiento o secuestro de personas mediante coacciones y violencia**. En definitiva, una forma de esclavitud que, aunque parezca que ocurre solo en otros continentes, también es una realidad en España.

Entre 2017 y 2021, en España se identificaron 464 casos de trata de personas y 799 de trata por explotación sexual. Estos son datos del Ministerio del Interior, que distingue las dos categorías, aunque, **del total de víctimas de trata en general, el 61% eran con fines de explotación sexual**. En esa época, se desmantelaron 374 organizaciones criminales y se detuvo a más de 3.000 personas. Además, se rescató a 1.438 personas en situación de trata, 4.420 víctimas de explotación sexual y un total de 100 menores de edad.

¿Cuál es el perfil de las víctimas? Cuando hablamos de trata, en general, el 93% son mujeres, el 70% tienen entre 18 y 33 años y el 76% son de países latinoamericanos. Mientras que, si hablamos de explotación sexual, el 98% son mujeres, la media de edad está entre 33 y 37 años, y las nacionalidades más habituales son colombiana, española y rumana, según datos del Ministerio del Interior.

Si ponemos el foco en **las personas detenidas, vemos que el 60% son hombres y el 40% mujeres**. Se confirma el fenómeno de las «madame», que acostumbran a ser antiguas víctimas de explotación sexual que pasan a convertirse en captadoras de otras mujeres. La nacionalidad más común de las personas detenidas es la española.

EL DATO QUE TE PETA LA CABEZA

A nivel mundial, el volumen de personas en situación de trata no para de crecer. **En 2022 se contabilizaron 115.000 personas,** mientras que 10 años antes esta cifra era de 46.000 personas, según datos de Statista. Más de la mitad son destinadas a fines con explotación sexual, y la segunda categoría más común es la explotación laboral. Las mujeres representan el 70% del total a nivel mundial y los continentes donde más ocurre son Asia y Europa.

EL 97 % DE LAS CREADORAS DE CONTENIDO DE ONLYFANS SON MUJERES

El machismo siempre encuentra formas de adaptarse a los nuevos tiempos y ha sabido moverse a la perfección en el terreno de las redes sociales. Bajo un discurso de «empodérate de tu sexualidad» o «aprovéchate de tu capital sexual», aparece OnlyFans. **Pero ¿qué es y cómo funciona OnlyFans?** OnlyFans es como el Patreon del porno: hay personas que se crean una cuenta y para acceder a su contenido tienes que pagar una suscripción mensual. El contenido es en su totalidad sexual y, además, los suscriptores pueden hacer pagos individuales extra para pedirte cosas: chats privados, fotos exclusivas o hasta quedar contigo. Como nos han enseñado en el capitalismo, «quien paga manda».

Durante la pandemia, OnlyFans multiplicó el número de creadoras de contenido, de usuarios y de ingresos. **En tan solo un año, de 2021 a 2022, pasó de tener 2,2 millones de creadoras a casi 3,2 millones.** Y hablo en femenino al nombrar a las creadoras de contenido porque el 97 % son mujeres. El número de usuarios creció un 27 %, y cuenta con 239 millones, principalmente hombres, que llegaron a gastarse 5.000 millones de dólares en la aplicación.

¿Por qué identificamos machismo en OnlyFans? Esta plataforma es la máxima consagración de la cosificación e hipersexualización; tenemos a millones de chicas, principalmente jóvenes, puestas en un escaparate virtual, ofreciendo lo que el sistema quiere de nosotras: nuestra sexualidad. Y es la puerta de entrada a la prostitución: mujeres que bajo el relato del «dinero fácil» consienten en hacer algo que de otra forma no harían, y hombres pagando por acceder a la sexualidad de mujeres.

INDAGANDO QUE ES GERUNDIO

En 2021, gracias a una investigación de la BBC, se descubrió que **OnlyFans permite la explotación sexual y contenido ilegal en su plataforma.** Fue todo un escándalo: contenido pedófilo, zoofílico o agresiones sexuales campan a sus anchas por la aplicación y prácticamente no existe moderación de contenido, con cuentas y vídeos de menores de edad, sin ningún tipo de control. Todo se descubrió a partir de un hombre que pagaba a mujeres sintecho para tener sexo con él y grabarlo con el objetivo de subirlo después a la aplicación.

SOLO EL 12 % DE LOS JÓVENES RECIBE INFORMACIÓN SEXUAL EN CASA

Si no hay educación sexual en los colegios y, además, nuestros padres y madres no nos hablan de ello, **¿cómo vamos a construir así una sexualidad igualitaria, libre y segura?**

Cuando erais adolescentes, ¿vuestros progenitores os hablaron de sexo? Si la respuesta es que sí, estáis de suerte, **porque solo el 12 % de los adolescentes reciben información sexual de sus padres o madres** en España, según el estudio *Relaciones afectivas y sexualidad en la adolescencia*, publicado por la Liga Española de la Educación.

Podríamos pensar que las generaciones que, en su momento, no obtuvieron esta información serían mucho más conscientes de su importancia y hablarían de sexo a sus hijos e hijas. Sin embargo, **los datos nos muestran que esta realidad no ha cambiado**. Es un círculo vicioso: las y los adolescentes no empiezan las conversaciones por vergüenza o porque rápidamente captan que el sexo es un tabú en esta sociedad. Por otro lado, los padres y madres disponen de pocas herramientas para abordar estas conversaciones y la reacción termina siendo el silencio.

Incluso aquí existe una brecha: **las chicas suelen tener más confianza con sus madres para hablar de sexo (15 %) que los chicos con sus padres (4 %)**. Este caldo de cultivo sitúa la educación sexual en un escenario muy precario: escasas charlas de educación sexual en colegios y cero comunicación con familias. Además, en muchos casos, el enfoque usado para abordar el sexo en adolescentes está dirigido a señalar los riesgos y los potenciales problemas, y no otras dimensiones, como el consentimiento o el placer, lo que hace que concibamos el sexo como algo oscuro y peligroso.

EL DATO QUE TE PETA LA CABEZA

El 70 % de las y los adolescentes reconocen sentir temor al hablar de sexo, pero el 68 % afirma hablarlo con amigas y amigos. **Claramente, lo que les induce ese miedo es tener estas conversaciones con la familia.** Un asunto preocupante es que solo el 29 % de las adolescentes recurren a su madre cuando han tenido una relación sexual no segura, y eso significa que el 71 % no lo hace. Si se abordasen estos temas con naturalidad, la sexualidad dejaría de ser un tabú y se generaría una relación de confianza.

4 DE CADA 10 MUJERES NO LLEGAN AL ORGASMO EN RELACIONES HETEROSEXUALES

En el sexo también vemos brechas entre hombres y mujeres: en relaciones sexuales hetero, **el 95 % de hombres llegan al orgasmo, mientras que en las mujeres ese porcentaje solo es del 65 %.** Sin embargo, el 92 % de las mujeres tienen orgasmos cuando se masturban, así que aquí hay un problema. Estos datos pertenecen a un estudio hecho a más de 50.000 personas en Estados Unidos, que se llama «Diferencias en la frecuencia del orgasmo entre hombres y mujeres gais, lesbianas, bisexuales y heterosexuales», y fue publicado por la revista *Archives of Sexual Behavior* en 2018.

El primer motivo que apuntan sobre estos datos es **la falta de estimulación correcta y suficiente del clítoris**, debido a la penetración como principal práctica sexual en relaciones heterosexuales. Solo el 4 % de las mujeres afirman llegar al orgasmo cuando únicamente hay penetración. Y, claro, el porno ha hecho mucho daño, porque nos ha enseñado que el placer del hombre está en el centro y el sexo consiste en felaciones más penetración. La consecuencia de esto: muchos hombres no saben cómo estimular un clítoris o no tienen en cuenta el placer sexual de su pareja.

Y que quede claro: **el objetivo del sexo no debería ser llegar al orgasmo**, ya que el sexo es más amplio y tiene muchas más dimensiones, pero, si hablamos de correrse, qué menos que corrernos por igual.

Para empezar a revertir esta situación es necesaria la desmitificación del coitocentrismo y la penetración como única manera de follar. Asimilar que nuestro placer también es importante y que nosotras nos merecemos disfrutar de las relaciones sexuales. **Nuestro rol no solo ha de ser dar placer al otro.** Por último, es necesario comunicarnos con nuestra pareja sexual para indicar qué nos gusta y qué no.

EL DATO QUE TE PETA LA CABEZA

En el mismo estudio se afirma que **el 86 % de las lesbianas llegan al orgasmo con sus parejas sexuales**. Este es otro motivo que demuestra que no ocurre nada físico que impida que las mujeres tengamos un orgasmo, sino que es una cuestión de autoconocimiento y percepción del sexo. Las lesbianas tienen un mayor conocimiento del cuerpo de la mujer y, por lo tanto, del clítoris.

SOLO EL 20 % DE LAS MUJERES SE MASTURBA SEMANALMENTE

La masturbación en los hombres siempre ha sido motivo de orgullo y algo que reafirmaba su masculinidad, mientras que **para nosotras solía ser algo totalmente privado, oculto y hasta prohibido**. Era raro encontrar a una chica que hablase abiertamente de su masturbación, y, sin embargo, ellos lo llegaban a hacer hasta delante de otros chicos en los vestuarios de fútbol.

El informe *Las mujeres y los hombres, hoy. ¿Igualdad o desigualdad?*, publicado en 2023 por Laura Sagnier, nos dice que **se masturban semanalmente el 51 % de los hombres, frente al 20 % de las mujeres**. Es interesante plantear una mirada crítica a estos datos. ¿Es posible que muchas mujeres no reconozcan que se masturban?

¿O que los hombres exageren la frecuencia para cumplir con los mandatos de la masculinidad? Quizá la socialización esté haciendo que esta brecha parezca mucho más grande de lo que realmente es.

Siempre se ha dicho que los hombres son más sexuales que las mujeres, que por un tema biológico y hormonal, la famosa testosterona, ellos de nacimiento sienten mayor deseo y necesidades sexuales. Para demostrar estas afirmaciones necesitaríamos estar en una sociedad neutra, donde el sexo en hombres y mujeres se viviese igual. La realidad es que a las mujeres que expresan abiertamente sus deseos sexuales se las tacha de «guarras», mientras que a los hombres se los ve como «triunfadores».

Nuestra sexualidad ha sido un tabú y algo estigmatizante, lo que provoca que nuestro deseo y placer estén en un segundo plano para conservar nuestra reputación, es decir, **ese equilibrio entre que no te llamen puritana, pero que tampoco seas una puta**. Todo esto genera que las mujeres no exploremos del todo nuestra sexualidad, y mucho menos que la exterioricemos.

EL DATO QUE TE PETA LA CABEZA

El Satisfyer aumentó sus ventas un 1.300 % en 2019. Este succionador de clítoris, que ya se encontraba en las tiendas eróticas, se hizo viral al ser anunciado por las redes sociales y dirigirse al gran público. Los juguetes sexuales pasaron de ser algo sórdido a ser algo guay. Esta es la prueba de que las mujeres, efectivamente, se masturban y buscan el placer. Lo más curioso: la respuesta de muchos hombres fue sentir celos de este maravilloso aparato y afirmar que las mujeres ya no nos podremos correr teniendo sexo.

SOLO EL 35 % DE LOS CHICOS ENTRE 18 Y 22 AÑOS HACEN CUNNILINGUS

¿Alguna vez os habéis acostado con un chico, le habéis hecho sexo oral y él a vosotras no? Que parte del imaginario sexual se ha centrado en la penetración ya lo sabemos, pero hay otras prácticas que son igual o más placenteras. Me refiero a lo que se ha denominado **«preliminares», término que me parece horrible porque nos indica que es algo accesorio para lo que realmente importa: introducir un pene.** ¿Si te quedas en los «preliminares» se considera que has tenido sexo? ¿Y si con esas prácticas consigues un orgasmo?

Podríamos pensar que con una mayor apertura sexual habría ciertas prácticas que tomarían protagonismo, como sería el caso del cunnilingus. Pues, chicas, **solo el 35 % de los hombres hetero entre 18 y 22 años lo practican**, según un estudio realizado en Estados Unidos en 2022, por la revista *Cosmopolitan USA* y la empresa de preservativos SKYN. Esto significa que el 65 % no lo hace y hasta un 14 % lo ve innecesario.

Aquí subyace el origen del problema: **la educación sexual actual es tan escasa y simple, que parece que sexo es igual a penetración.** Si no te hablan de la importancia de estimular el clítoris o lo importante que es dar placer además de recibirlo, más todos los vídeos porno que están en nuestro imaginario, pues es normal que creas que no hay vida más allá del pene.

A las mujeres **se nos ha machacado con la idea de que nuestras vaginas «huelen mal»**, ofreciéndonos miles de productos de «higiene íntima» que no necesitamos. La mejor forma de limpiarnos es con agua, y no aplicándonos productos extraños. Esto, si lo juntamos con el canon que se nos ha vendido de vagina: sin labios ni nada que sobresalga, genera que las propias mujeres renunciemos a estas prácticas. ¿Cuántas chicas hetero conocéis que digan que no les gusta el sexo oral? Y, ahora, ¿cuántos chicos conocéis que digan que no les gusta el sexo oral? Claramente, aquí hay una descompensación.

EL DATO QUE TE PETA LA CABEZA

El mismo estudio presenta un dato extremadamente interesante: **el 51 % de los hombres de más de 33 años creen poder provocar un orgasmo a su pareja con un cunnilingus**; mientras que, en los chicos de 18 a 22 años, este porcentaje es del 41 %. Lo más gracioso es que, como hemos visto, solo el 35 % de los chicos de entre 18 y 22 lo practican. Así que hay un 6 % de ellos que no lo hacen nunca, pero que creen que le provocaría un orgasmo a su pareja sexual. Vamos bien de autoestima y mal en sexo igualitario.

EN MÉXICO, EL 30 % DE LAS PERSONAS DE ENTRE 18 Y 30 AÑOS HAN PADECIDO UNA ITS

Estamos en plena explosión y liberación sexual, y que esto ocurra en un contexto donde la educación sexual escasea tiene sus riesgos. Es aquí donde entran las enfermedades e infecciones de transmisión sexual.

La comunidad médica prefiere usar el término ITS, infección de transmisión sexual. Ambos términos se utilizan como sinónimos, pero es importante matizarlos: hablamos de infección cuando las bacterias, virus o microbios entran en nuestro cuerpo, mientras que enfermedad es cuando se dañan nuestras células. Así que una infección no tiene por qué convertirse en una enfermedad, como vemos en el caso de Virus del Papiloma Humano.

Pues en México este en un problema de salud pública importante, según los últimos datos del Histórico del Boletín Epidemiológico, **más de un millón de personas se contagian con una ITS al día, siendo la mayoría de los casos asintomáticos**. Además, señalan un pico de contagios en las mujeres de 15-35 años, momento vital donde hay más parejas sexuales diferentes. **Asimismo, 30 % de las personas entre 18 y 30 años han padecido una ITS**. Las más comunes serían la candidiasis, sífilis, herpes, clamidia, y gonorrea.

¿Por qué este aumento? Una causa es la falta de prevención y un menor miedo a las prácticas de riesgo, una vez pasada la crisis del VIH, la visión sobre las ITS ha cambiado mucho y se han banalizado. También en los vídeos porno rara vez vemos sexo con condón. Y la falta de educación sexual en las escuelas. Todo esto genera un escenario perfecto para las infecciones de transmisión sexual. Claramente, **tenemos una asignatura pendiente como sociedad**.

EL DATO QUE TE PETA LA CABEZA

Se habla de métodos anticonceptivos y muy poco de métodos de protección. Y no todos los métodos anticonceptivos protegen: ni las pastillas, ni los DIU, ni los anillos vaginales sirven para evitar ITS. Hasta ahora siempre se ha puesto el foco en la concepción, pero lo único que nos protege son métodos de barrera como el condón o telas de látex. Según la Secretaría de Salud de México, utilizan condón en la primera relación sexual 83 % de los hombres y 70 % de las mujeres adolescentes. ¿No es un poco extraño que este dato sea tan diferente cuando la mayoría de las relaciones son heterosexuales?

EN 69 PAÍSES, LA HOMOSEXUALIDAD AÚN ES ILEGAL

Muchas veces pensamos que el mundo es igual que nuestra pequeña burbuja, y esto no es así. En los últimos años se ha avanzado muchísimo en derechos para gais, lesbianas y bisexuales, pero la experiencia será muy diferente si vives en Barcelona, en un pueblo perdido del interior de Murcia, en Rusia o en Arabia Saudí.

¿Creéis que la homofobia se ha erradicado ya? Pues no, en 69 países del mundo es ilegal ser homosexual, mientras que solo en 28 países existe el matrimonio igualitario, según el informe *Homofobia de Estado*, elaborado por ILGA World en 2020.

En 11 países ser homosexual es motivo de pena de muerte: Mauritania, Nigeria, Somalia, Yemen, Arabia Saudí, Irán, Pakistán y Afganistán. En 27 países hay penas que van desde prisión de 10 años hasta la cadena perpetua; en esta categoría se encuentran países asiáticos como: Malasia, Sri Lanka o Bangladesh, y países americanos como Jamaica o africanos como Tanzania.

Y en 30 países se castiga la homosexualidad con penas de hasta 8 años de cárcel.

Ya lo dijo Simone de Beauvoir: «No olvidéis jamás que bastará una crisis política, económica o religiosa para que los derechos de las mujeres vuelvan a ser cuestionados». Y esto parece aplicarse también a los derechos LGBT en la actualidad: si bien se va avanzando en derechos en algunos países, hay otros donde la discriminación se recrudece. Esos son los casos de países como Hungría y Polonia, cuyas políticas de extrema derecha han supuesto un retroceso brutal en los derechos del colectivo, hasta el punto de ponerlo en una situación de riesgo ilegalizando su visibilidad o prohibiendo la bandera arcoíris.

EL DATO QUE TE PETA LA CABEZA 💣

Solo el 30 % de los estados pertenecientes a la ONU tienen una protección amplia contra la discriminación por orientación sexual. Aunque pueda parecer que ha triunfado aquel manido «todos los seres humanos nacen iguales ante la ley», recogido en cartas de derechos humanos y constituciones de muchos países, la realidad es que en numerosos países tu orientación sexual puede ser motivo de opresión y pérdida de derechos.

7 DE CADA 10 PERSONAS LGBT EN MÉXICO HAN SUFRIDO DISCRIMINACIÓN EN EL COLEGIO

La falta de datos oficiales sobre el colectivo LGBT en México hace muy difícil articular políticas públicas, porque cuesta mucho obtener información sobre necesidades o demandas de gente del colectivo. Si no hay datos, la realidad del colectivo se vuelve invisible.

Aun así, existen organismos que se dedican a investigar estas cuestiones, aunque sea a pequeña escala. Uno de los documentos más extensos sobre el tema es el informe Discriminación en contra de las personas por su orientación sexual, características sexuales e identidad y expresión de género elaborado por la Secretaría de Gobernación, CONAPRED y SINDIS en 2023.

Uno de los datos más llamativos es que 7 de cada 10 personas LGBT en México han sufrido discriminación en el colegio por su orientación sexual, y si hablamos de un acoso considerado más leve, el 90% personas fueron víctimas de burlas. Esto es algo muy grave que no podemos normalizar ni tolerar, nuestra etapa educativa nos configura como personas y deja una huella muy importante.

Si desde la infancia aprendemos e interiorizamos que hay algo malo con nuestra forma de amar, con nuestra identidad o con quienes somos; la construcción que hacemos de nuestra personalidad ya está distorsionada. No es justo que la homofobia nos configure, nadie debería sentirse mal por amar de forma consentida y deseada. Y nadie debería recibir violencia, acoso y rechazo por esto.

EL DATO QUE TE PETA LA CABEZA

El rechazo y acoso afectan a todos nuestros ámbitos de vida: el núcleo familiar, de amistades, el espacio público, el trabajo. Formar parte del colectivo en México es todo un desafío, la sociedad está construida sobre una homofobia muy fuerte. En el mismo informe se recogen muchísimos más datos. Uno muy impactante es que el 68% de las personas LGBT afirman que sus derechos se respetan poco o nada. No podemos tolerar este nivel de violencia.

EN MÉXICO, EL 92 % DE LAS PERSONAS LGBT TUVIERON QUE OCULTAR SU ORIENTACIÓN SEXUAL A SUS FAMILIAS

Cuando alguien pregunta ¿cuándo saliste del armario?, se entiende que está preguntando por la primera vez que lo explicaste a tu familia o círculo íntimo. Pero no es ni de lejos la única. **La gente del colectivo estamos constantemente saliendo del armario:** cuando conoces a gente nueva, cuando te mudas o cuando empiezas en un nuevo trabajo.

Conocer a alguien implica recibir la gran pregunta: «¿tienes pareja?». Inconscientemente has de evaluar: ¿es seguro decir la verdad? ¿Será homófoba? **Hay toda una serie de pensamientos, que la gente heterosexual ni se plantea.**

El trabajo es un ambiente muy complejo: es un lugar en el que existen jerarquías de poder y en el que el temor a las represalias se dispara. Pero es en las familias es donde se encuentra el temor más grande. **La reacción familiar determina cómo nos relacionaremos con nuestra propia orientación sexual.**

Pues en México, **el 92% de las personas LGBT tuvieron que ocultar su orientación sexual a sus familias,** según el informe *Discriminación en contra de las personas por su orientación sexual, características sexuales e identidad y expresión de género* publicado en 2023 por la Secretaría de Gobernación, CONAPRED y SINDIS.

Para la gente que piensa: ¿por qué han de decirle al mundo con quien se acuestan? A mí me gusta responder con la pregunta contraria, ¿qué problema hay en decir que tu pareja es una mujer siendo tú una mujer? **¿Por qué nosotras hemos de escoger entre el silencio y contarlo, mientras que una mujer hetero no se planteará nunca ocultar** el sexo de su pareja?

EL DATO QUE TE PETA LA CABEZA

Siguiendo los datos de Enadis de 2022, el 33 % de la población no estaría dispuesta a alquilar una habitación de su casa a una persona trans (33,4 %), ni a personas lesbianas o gais (29,8%). ¿Os imagináis a alguien negándole un alquiler de habitación a otra persona por ser heterosexual? Además, al 34,6 % no les gustaría que una persona gay o lesbiana fuera electa para la Presidencia de la República, según datos de CONAPRED de 2023.

EN MÉXICO, EL 76 % DE LAS PAREJAS HOMOSEXUALES EVITA DARSE LA MANO EN PÚBLICO

¿Alguna vez has ido por la calle con tu pareja y no te has atrevido a darle la mano por miedo? Pues en México, **el 76 % de las parejas homosexuales evita darse la mano en público,** según el informe *Discriminación en contra de las personas por su orientación sexual, características sexuales e identidad y expresión de género* publicado en 2023 por la Secretaría de Gobernación, CONAPRED y SINDIS. Y esto sucede porque darte de la mano con tu pareja es hacer evidente que tu pareja es del mismo sexo que tú y, por lo tanto, en muchos entornos puede ser algo no seguro.

Esto muestra cuál es la realidad cotidiana de las personas gais, lesbianas y bisexuales. En primer lugar, el espacio público es un espacio compartido en el que cualquiera debería poder ser libre y transitarlo en paz. Al igual que no es normal que las mujeres tengamos miedo a ir por la calle, tampoco es normal sentir pánico por mostrar tu amor en público simplemente por el sexo de tu pareja. **Y esto hace que muchas parejas solo muestren afecto en espacios íntimos por miedo a las consecuencias.** Esto es una manera de no salir del armario.

Estos datos no segregan entre hombres y mujeres, pero, si enlazamos con los datos que hemos comentado antes, está claro que las opresiones que sufrimos son muy distintas: ellos reciben mucha más violencia física. Las mujeres, en cambio, estamos más invisibilizadas. Por ejemplo, **al ver a dos chicas cogidas de la mano mucha gente piensa antes que son amigas**, en vez de pensar que son pareja. En nuestro imaginario no está integrado que dos mujeres pueden estar juntas. Mientras que, al ver a dos hombres cogidos de la mano, lo tenemos clarísimo. Obviamente la socialización de género impacta muchísimo, pero el resultado es que a las lesbianas y a los gais nos atraviesa diferente la homofobia.

DATO MATA RELATO 🔥

Siguiendo con los datos de la misma encuesta, la verdad es que hacen muchísimas preguntas y es muy completa, el 50 % de las personas del colectivo afirmó que dejaron de frecuentar algunos lugares. Puede parecer una tontería, pero es muy grave dejar de ir a sitios por tu orientación sexual. Pero es que también se preguntaba por dejar de asistir a eventos y actividades por miedo y el 37,1 % dijo que sí. Quizá hemos normalizado esto, quizá nos centramos más en «datos más graves», pero esto denota que los mexicanos y las mexicanas no pueden vivir su forma de amar libremente.

EL 20 % DE LAS CHICAS DE 16 A 24 AÑOS SON BISEXUALES

En l'Enquesta Sociopolítica del Centre d'Estudis d'Opinió (CEO) de 2023, con una muestra aleatoria y estratificada de 5.000 personas en Cataluña, se preguntó por la orientación sexual de los encuestados. **El 87 % de la gente se declaró heterosexual, el 2 % homosexual y el 3 % bisexual.** El 8 % restante prefirió no contestar.

Claro, si nos quedamos aquí las conclusiones son claras: la gran mayoría de la gente es hetero y las otras orientaciones sexuales son minoritarias. Pero es crucial analizar estos datos por sexo: las mujeres serían en un 85 % heterosexuales, en un 5 % bisexuales y en un 2 % lesbianas; mientras que, en los hombres, el 88 % son heterosexuales, el 2 % bisexuales y el 4 % gais. Vemos cómo **hay el doble de gais que lesbianas y más del doble de mujeres son bisexuales.**

Lo más exagerado lo encontramos cuando nos fijamos en la edad: **en chicas de 16 a 24 años, el 69 % son heterosexuales, el 20 % bisexuales y el 4 % lesbianas**; en chicos de esa edad, el 85 % son hetero, el 4 % bisexuales y el 5 % gais. Es muy llamativo cómo la heterosexualidad en chicas jóvenes es tan baja en comparación con los chicos, mientras que en mujeres y hombres de 50 años no hay casi diferencias y el 90 % se definen como heterosexuales.

A las mujeres se nos enseña a ser más afectuosas y cariñosas, lo que hace que nos resulte mucho más sencillo explorar nuestra orientación sexual. La etiqueta no tiene un carácter tan identitario como en el caso de los hombres. Para ellos la identidad es más marcada: o blanco o negro. Por eso, **cuando nos encontramos con un chico bisexual, automáticamente pensamos que es gay**, y esto también revierte en una forma de discriminación e invisibilización.

INDAGANDO QUE ES GERUNDIO

El incremento de referentes bisexuales, lesbianas y gais tanto en series, películas, redes sociales como en gente famosa tiene mucho que ver en estos datos. Ahora es evidente que **estamos en un entorno donde es más fácil salir del armario que antes**. Pero también es cierto que hace tiempo solo había un camino válido: la heterosexualidad, mientras que en la actualidad existen otras opciones posibles. Hoy en día hay personas que se preguntan algo tan básico como ¿qué es lo que me gusta?, pero antes esto era impensable.

AL 32 % DE LAS LESBIANAS LES COSTÓ ASUMIR SU ORIENTACIÓN SEXUAL

Hace años la palabra «lesbiana» daba miedo. Literalmente, era un término tabú. Para evitar su uso nos hemos inventado otras: bollera, bollo, tortillera, buchona, cachapera, camionera, lela o lencha. Y también nos hemos acostumbrado a oír «son buenas amigas» o «son compañeras de piso» para referirse a una pareja de mujeres. Esto, desde luego, no ayuda a que las mujeres que descubren esta parte de su sexualidad la gestionen de manera natural.

Según un estudio del Ayuntamiento de Madrid sobre el colectivo hecho en 2021, a**l 33 % de las lesbianas les costó asumir su orientación sexual.** En concreto, el 11 % afirma que fue un proceso muy duro. En cambio, solo al 9 % de los hombres gais les supuso el mismo esfuerzo asumirlo, y en el colectivo bisexual únicamente el 6 % de los hombres y el 3 % de las mujeres escogen esa respuesta.

¿Y por qué cuesta asumirlo? Principalmente porque **se nos ha presentado la heterosexualidad como la norma** y eso hace que todo lo demás sea «no normal». Y aquí hay muchos factores: los valores de tu entorno, las expectativas de tu familia, tu abuela preguntándote si ya tienes novio. Solo nos han enseñado un camino posible y salirse de él da mucho miedo.

Por eso es necesario que se visibilicen los referentes lésbicos y que haya información accesible dirigida a toda la población, **porque uno de los errores es que solo se dirijan estos mensajes a la gente del colectivo.** Es crucial que todo el mundo, tenga la orientación sexual que tenga, normalice que una mujer se puede enamorar de una mujer y que un hombre de otro hombre. No debería ser normal que esto genere crisis existenciales.

EL DATO QUE TE PETA LA CABEZA

En el mismo estudio se apunta que **un 77 % de las madres eran conscientes de que sus hijos e hijas eran homosexuales**, representando 10 puntos porcentuales más que los padres. Los datos demuestran la típica frase de las madres cuando sales del armario: «Lo sabía desde hace años». Cuando las personas del colectivo salen del armario, primero recurren a amistades y después a sus madres. Los padres caen hasta las últimas posiciones.

SOLO EL 20 % DE LOS PERSONAJES DE FICCIÓN LGBT ERAN LESBIANAS

Siempre se dice que la representación es importante: lo que no se nombra no existe. Y, en este caso, **lo que no se enseña no existe.** Para cualquier colectivo es crucial la visibilización, pero especialmente para el colectivo LGBT.

Pensad una cosa: durante toda nuestra vida solo hemos visto historias de amor heterosexual. No hemos aprendido que las mujeres se pueden enamorar de mujeres y, además, **solo nos han enseñado que las mujeres se enamoran de los hombres**. No es casual que la extrema derecha quiera censurar películas donde se muestre la homosexualidad. Que algo se convierta en normal también genera que haya gente haciéndose preguntas que nunca se habían planteado. Claro, si eres una persona homófoba, no te interesa que esto ocurra.

Afortunadamente, en los últimos años la representación del colectivo ha aumentado muchísimo, pero ¿lo ha hecho de forma equivalente entre sus siglas? **Los datos nos dicen que no.** El Observatorio de la Diversidad en los Medios Audiovisuales publicó un informe brutal sobre la representación de la diversidad sexual. Analizaron más de 1.000 personajes de ficción de 100 películas y series de 2020. De todos ellos, el 7 % eran personajes del colectivo. **Y, dentro del colectivo, solo el 20 % eran lesbianas.**

Una de las protestas del colectivo lésbico es la infrarrepresentación: son menos en pantalla y con roles menos importantes que, por ejemplo, los personajes gais. Esta escasez de referentes es la que hace que **las lesbianas recurramos de forma obsesiva a los** *shippeos*, es decir, inventarnos parejas, tanto en la realidad como en la ficción, aunque en algunos casos esto solo pasa en nuestra imaginación. Desde Albalia hasta Luimelia, pasando por Taylor Swift y Karlie Kloss.

EL DATO QUE TE PETA LA CABEZA

Existe en la ficción el síndrome de la lesbiana muerta, que analiza cómo los personajes de mujeres lesbianas o bisexuales acaban muriendo, de manera desproporcionada, con respecto a los personajes heterosexuales. La lista Bury Your Gays del portal Autostraddle lleva el recuento de estas desapariciones: desde 1976, **250 personajes de ficción de mujeres lesbianas o bisexuales han acabado muertos**. Para 3 veces que salimos en pantalla, en 2 de ellas nos matan.

SOLO EN 9 PAÍSES EN LATINOAMÉRICA ES LEGAL EL MATRIMONIO HOMOSEXUAL

Algo básico es que todo el mundo tenga los mismos derechos, independientemente de su sexo, etnia, edad, orientación sexual o cualquier tipo de condición. Esto, que parece muy básico, se convierte en algo totalmente revolucionario cuando vemos que no existe la igualdad de derechos.

En pleno 2024 ser gay, lesbiana o bisexual se convierte en todo un reto dependiendo del país en el que estés. Un indicador básico es **qué pasa con el matrimonio**. No es que poder casarnos vaya a resolver todos nuestros problemas, ni que sea un acto que nos garantice la igualdad de trato y la no discriminación, tampoco es que estemos profundamente a favor de la institución matrimonial.

Pero lo mínimo es que nos podamos casar en igualdad de condiciones. **Que no importe si estamos enamoradas de una mujer o de un hombre,** aquí el tema es tener la oportunidad de contraer matrimonio y que no se nos cierren las puertas dependiendo del sexo de nuestra pareja.

Si analizamos la situación de **América Latina, hasta finales de 2023, solo 9 países habían legalizado el matrimonio homosexual.** El primero fue Argentina, en 2010, y le siguieron Uruguay y Brasil en 2013, Colombia en 2016 y Ecuador en 2019. México es otro de los países en los que las parejas del colectivo pueden contraer matrimonio desde hace años, pero no ha sido hasta 2022 que se ha reconocido a nivel federal.

En 2020 se unió Costa Rica a esta lista, convirtiéndose en el primer país de Centroamérica en legalizar el matrimonio igualitario. Por último, en 2022, se han incorporado Chile y Cuba, completando así la lista de los 9 países. **Y yo me pregunto, ¿para cuándo todos los demás?** Porque en esta lista faltan Venezuela, Paraguay, Perú, Bolivia, El Salvador, Guatemala, Haití, Honduras, Nicaragua, Panamá y República Dominicana.

INDAGANDO QUE ES GERUNDIO

En 2022 se produjeron 5.829 matrimonios homosexuales en México, esto es un incremento del 118 % en los últimos 5 años. Si ponemos la lupa en estos casamientos, vemos cómo 2.353 (el 40 %) se realizaron entre parejas de hombres y 3.476 (el 60 %), entre parejas de mujeres. Aun así, tan solo representa un 1 % de todos los matrimonios del país, que en total tuvo 507.052 matrimonios en ese año.

EPÍLOGO

¿Y AHORA QUÉ?

Estas son nuestras razones, nuestros argumentos y nuestro motor para luchar: 150 muros que derribar y que nos están asfixiando. Y puede que a corto plazo sigamos saliendo a la calle y pasando miedo, cobrando menos que los hombres y teniendo carencias en educación sexual. Pero todo esto tiene los días contados.

Los cambios profundos no se consiguen de un día para otro. No arreglaremos el mundo con un solo libro ni modificaremos los valores de toda una sociedad con un chasquido de dedos. El proceso es lento pero firme, y estoy segura de que lo conseguiremos. Que nadie nos haga creer que el feminismo es utópico, porque no es cierto. ¿Os imagináis la cara de Clara Campoamor si pudiese ver la sociedad de hoy en día?

Hemos avanzado muchísimo en muy poco tiempo y este logro no nos ha caído del cielo: hemos luchado, hemos sufrido y no nos hemos callado. Aún nos queda muchísimo por conseguir, pero cada batalla que libramos nos acerca un paso más hacia la igualdad que merecemos. Continuaremos desafiando las normas impuestas, cuestionando las estructuras de poder y señalando la opresión que seguimos sufriendo.

Nos intentarán dividir y desviar de lo verdaderamente importante, nos harán creer que la opresión no existe y que somos unas exageradas. Pero ahora vamos con los datos en la mano. No son hipótesis ni intuiciones, sino hechos objetivos que corroboran lo que llevamos siglos denunciando. Nos enfrentamos al machismo más rancio y también al más sutil; al más evidente y agresivo, pero también al que se camufla y se vuelve imperceptible. Para luchar contra todos ellos, los datos son una de las herramientas más útiles que tenemos a nuestro alcance.

Ya basta de feminicidios, ya basta de violencia sexual, ya basta de los roles sexistas de género, ya basta de la presión por estar perfectas, ya basta del canon de belleza, ya basta de que todo el peso de la crianza recaiga sobre nosotras, ya basta de que el monopolio de los cuidados sea nuestro, ya basta de lesbofobia.

Ya basta de machismo.

AGRADECIMIENTOS

AGRADECIMIENTOS

Esta es la parte del libro que más me ha costado escribir, porque eso de ponerme emocional sigue siendo difícil para mí. Quisiera empezar agradeciendo a las mujeres que más me inspiran ahora mismo: a Sindy Takanashi, Victoria Martín y Henar Álvarez. Gracias por vuestra fuerza. También a Amelia Tiganus, Ana de Miguel y Nuria Varela, vuestros libros me han marcado muchísimo y gracias a ellos he ido construyendo mis ideales. También a Marina Marroquí y Ana Bernal Triviño, sois inspiración. Y a Carla Galeote por animarme a empezar esta aventura.

Aunque ya no estén, las mujeres con las que más he aprendido han sido Kate Millett y Andrea Dworkin, entre otras. Y querría agradecerles el trabajo que hicieron luchando cuando no era tan fácil hacerlo. Sin ellas, el feminismo no sería lo que es ahora, el mundo tampoco lo sería y este libro no hubiese existido.

Por supuesto, también deseo agradecer a la gente que quiero, a quienes me han sostenido en este proceso y me han apoyado incondicionalmente. Gracias a mi familia, a las amigas que lo dan todo en los karaokes y las que viajan a Japón. Querría nombrar a Berta, que es una mujer increíble. Y gracias a Grela también por su creatividad indagando en gerundio.

A Alba y a Cris, me siento superagradecida por haberos tenido como editoras. Ha sido un proceso muy bonito y habéis hecho que todo sea mucho más fácil. Y sé que es friki, pero este libro ha tenido una banda sonora: Taylor Swift y Lana Del Rey. Cada una de las veces que me ponía a escribir estaba su intensidad de fondo.

Especialmente me gustaría agradecer a Eva por enseñarme otras realidades, a Aitor por mostrarme la parte más bonita del mundo, a Pía por decirme siempre lo que piensa, a mi hermana por ser la mejor consejera y a Helena por existir y compartir la vida conmigo.

Y a mi madre, que, aunque no lo pueda ver, seguro que estaría muy orgullosa de mí.

Esta obra se terminó de imprimir
en el mes de diciembre de 2024,
en los talleres de Diversidad Gráfica S.A. de C.V.
Ciudad de México